Das
Pentagramm-Ritual

Traditionelle und progressive Formen in Theorie und Praxis
Bohmeier Verlag   von Joe Asmodo

© 3. Auflage, Copyright 1999 by Bohmeier Verlag, Germany-23564 Lübeck, Hüxtertorallee 37, Tel.: +49 (0) 451-74993 – Fax: +49 (0) 451-74996, Internet-Homepage: www.bohmeier-verlag.de - Oder einfach kostenlosen Katalog anfordern!

© Covergestaltung von Joe A. Davis 1999

Gesamtherstellung: Bohmeier Verlag, Printed in Germany

ISBN   3-89094-262-8

INHALTSVERZEICHNIS

Vorwort.. 5

Das Symbol des Pentagramms.. 7

Das Kleine Pentagramm-Ritual... 11
   Allgemeines.. 11
   Vorübungen zum Kleinen PTR 12
   Die Durchführung des Kleinen PTRs 14
   Zur Vorbereitung: 14
   Das Kleine Pentagrammritual.. 15
   Kommentare.. 16

Der Baum des Lebens.. 19
   Theorie: Der Baum des Lebens 19
   Die Anfertigung des Baumes.. 23
   Die Beschriftung... 25

Das Große Pentagramm-Ritual.. 27
   Allgemeines.. 27
   Theoretisches zum Ritual... 28
   Lernhilfen... 33
   Die Durchführung des Grossen PTRs............................... 34
   Das Vibrieren der göttlichen Namen I............................. 35
   Die Henochische Variante 36
   Das Vibrieren der Göttlichen Namen II............................ 37

Pentagrammrituale der Elemente 39
   Die Durchführung.. 39
   Beispiel: Anrufung der Erde (und Luft) 39
   Die Elementar-Waffen... 40
   Zur Anfertigung der Elementarwaffen 41
   Der Dolch... 44
   Der Kelch... 45
   Der Stab 46

Progressive Varianten 49
   Die Mittlere Säule.. 49
   Mittlere Säule 1.. 49
   Mittlere Säule 2.. 50
   Mittlere Säule 3.. 50
   Mittlere Säule 4.. 51
   Mittlere Säule 5.. 51
   Mittlere Säule 6.. 51
   Mittlere Säule 7.. 52
   Eine neue Mittlere Säule.. 53

Das "Henochische Kreuz" 57
Das Unikursale Hexagramm 57
PTRs in der praktischen Arbeit **58**
Eine Tempel-Weihe 58
Weihe der Elementarwaffen 59
Übersicht mit Beispielen.. 60
Erd-Anrufung.. 63
Astralvision.. 64

VORWORT

Die Pentagrammrituale gehören zum Standardrepertoire einer jeden Grundstufe westlich orientierter magischer Schulen.

Im krassen Gegensatz dazu, muß ich jedoch immer wieder feststellen, daß den meisten Praktizierenden nur einzelne Varianten dieses Rituals - meist dogmatisch gefärbt und mit ungenügendem Hintergrundwissen zur Theorie und praktischen Ausführung - bekannt sind.

Ein anderer Trend geht in die Richtung, auf rituelle, zeremonielle Praktiken zugunsten freier Magieformen gänzlich zu verzichten.

Mit diesem Buch möchte ich beiden Richtungen entgegenwirken; zum einen, indem ich die Vielfalt und Zusammenhänge der Pentagrammrituale aufzeige sowie Anleitungen zur Durchführung gebe; zum anderen, indem ich versuche zu verdeutlichen, daß diese Tradition durchaus offen für progressive Überarbeitungen ist.

Neben Allgemeinem zum Pentagrammsymbol und seiner Verwendung werden die drei Hauptvarianten, Kleines-, Großes- und Elementen-Pentagrammritual dargestellt, und zwar so, daß der Interessierte sich theoretisch wie praktisch in der Reihenfolge der Kapitel in die Materie einarbeiten kann. Bestimmte Teile der Rituale werden schrittweise in ihrer Intensität und Komplexität gesteigert, sodaß ein sicheres Fortschreiten möglich wird, sofern man sich an die hier gegebene Reihenfolge hält. Damit können sich auch Interessierte, die keiner esoterischen Schule angehören, problemlos und sicher in diese Praktiken einarbeiten, die - betrachtet man einschlägige Fachliteratur - vorzugsweise mit einem Schleier des Mystischen umgeben werden.

Gegen Ende des Buches werden Anregungen dafür gegeben, wie man die Rituale mit neueren Variationen dem Zeitgeist magischen Verständnisses anpassen kann, ohne damit den Anspruch auf Vollständigkeit zu erheben.

Damit soll vor allen Dingen auch mitgeteilt werden, daß es sich bei den Pentagrammritualen nicht um starre Operationsanweisungen handelt, die nur dann etwas bewirken, wenn man sie so und nicht anders ausführt.

Dies ist ein Punkt, der immer wieder in Diskussionen an mich herangetragen wird. Ich möchte mich daher etwas näher, wenn auch nicht erschöpfend, mit ihm befassen. Eine Einleitung zu gerade diesem Buch scheint mir dafür der passende und notwendige Rahmen zu sein, und einige klärende Worte werden den Leser auch besser befähigen, die in diesem Buch gegebenen Anweisungen besser zu verstehen und vor allem in seine eigene Praxis umzusetzen.

Keiner weiß genau, wie alt diese Rituale tatsächlich sind und wer sie letztendlich entwickelt hat. Und auch für einzelne Bestandteile der Pentagrammrituale gibt es nicht immer befriedigende rationale Begründungen. Pentagrammrituale, ja, eigentlich alle Rituale dürfen nicht als eine Art Gebrauchsanweisung mißverstanden werden, nach der man zwingend bestimmte, verborgene Gesetzlichkeiten in Gang setzt, wenn man nur die richtigen Worte spricht und Bewegungen ausführt. Rituale können erfolgreicher praktiziert und verstanden werden, wenn man sie als Handlungssets begreift, die die eigene Psyche in spezifische Bewußtseinszustände transformiert, die offener sind für andere Existenzzustände, die immer um uns herum - oder in uns, das ist eine Frage des jeweiligen Standpunktes - existieren.

Nicht das Nachäffen einzelner Handlungsabläufe garantiert ein Ergebnis, wie es bei jeder technischen Gebrauchsanweisung der Fall ist. Viel wichtiger bei der Handhabung der Rituale ist es, ein intuitives Verständnis für die Zusammenhänge einzelner Handlungsschritte und ihrer Symbolik zu erlangen, ein Verständnis, das nicht einfach durch theoretisches Lernen erreicht werden kann, sondern sich auch und erst mit längerer praktischer Erfahrung entwickelt.

Insofern schützen sich diese Rituale selbst vor unangemessenem Gebrauch. Wer sie nur oberflächlich nachplappert, wird keine brauchbaren Ergebnisse erzielen. Wer zu skeptisch ist oder für jeden Ritualteil eine rationale Erklärung verlangt, wird ebenso scheitern. Nur wer sich mit sich selbst und dem Ritual intensiv und inhaltlich auseinandersetzt, wird etwas bewirken. Dabei werden, auch nach dem Studium dieses Buches, viele neue Fragen und Ungereimtheiten auftauchen. Erst ab diesem Punkt wird es richtig interessant; die eigentliche Forschung (auch die des eigenen Selbst) beginnt. Erst hier macht es Sinn, kritischer an die Materie heranzugehen. Ich wünsche jedem Leser und jeder Leserin, daß er/sie bis zu diesem Punkt kommen wird.

April 1993, Joe Asmodo

DAS SYMBOL DES PENTAGRAMMS

Das Pentagramm ist eines der wenigen Symbole, das auf Anhieb tiefe Reaktionen beim Betrachter hervorruft. Man muß seine genaue Symbolik gar nicht kennen; und doch: mehr noch als beim christlichen Kreuz (wie immer man dazu stehen mag), erzeugt sein Anblick sofort eine gewisse Ehrfurcht, verbunden mit Assoziationen zum Geheimnisvollen, Magischen, Mystischen.

Man kann nun darüber spekulieren, wie sich diese Wirkung auf unsere Psyche erklären läßt. Bringt sein Anblick unterbewußte Kräfte ins Schwingen? Treten durch es Ahnungen von der Existenz ätherischer Welten ins Bewußtsein? Oder geht gar von der puren Form an sich bereits eine Wirkung aus?

Von all diesen Theorien halte ich wenig. Sie gehen entweder von der Objektivität bestimmter Symboliken aus oder von einer gegebenen Übereinstimmung von bildhaften Darstellungen und geistigen Prozessen.

Mein favorisiertes Modell ist konstruktivistisch. Das heißt in diesem Zusammenhang: jedes Symbol kann derartige Reaktionen hervorrufen. Es muß nur lange und oft genug von Menschen benutzt worden sein. Ein Symbol ist zunächst ja nichts weiter als eine geometrische Form. Diese Form muß vom Menschen erst mit einer Bedeutung belegt werden, damit sie zu einem Symbol werden kann. So ist für einen Chinesen die Form "A" völlig bedeutungslos, bis er erfährt, daß diese Form den ersten Buchstaben des westlichen Alphabets bezeichnet und damit symbolisiert. Wir als Europäer hingegen können gar nicht anders als die Form "A" als A zu lesen, eben weil wir es so gelernt haben und weil dies alle tun.[1]

Mit dem Pentagrammsymbol sehe ich das ähnlich. So wie es Esoteriker gibt, die behaupten, es gäbe bestimmte Fantasy-Astralwelten, weil diese in den Köpfen vieler Bestseller-Leser herumspuken und weil Astralwelten aus unseren Gedanken geboren werden, so behaupten viele (und ich schließe mich dem an), daß die Wirkungen des Pentagramms deshalb so intensiv sind, weil dieses Symbol Jahrhunderte lang für die magische Arbeit benutzt wurde.

Wie dem auch immer sei. Beweisen kann man das eine so wenig wie das andere. Wichtig für die Arbeit mit dem Pentagramm ist einzig und allein, daß es funktioniert. Und dies tut es seit vielen Jahrhunderten, auch wenn man dies nicht voll und ganz erklären kann.

---

[1] Es gibt übrigens Meditationen, die darauf abzielen zu lernen, Dinge ohne Assoziationen wahrzunehmen. Bei der Mantram-Meditation, in der ein oder mehrere Worte immer und immer wieder wiederholt werden, treten derartige Effekte quasi nebenbei auf: bestimmte Worte verlieren mit der Zeit ihre Bedeutung, sind nur noch als reiner Klang wahrnehmbar.

Der Ursprung des Pentagramms, das gelegentlich auch als Drudenfuß, Druden-kreuz oder Alpkreuz bezeichnet wird, kann bis ins Mittelalter zurückverfolgt wer-den. Bei den Pythagoräischen Philosophen war es ein Symbol für die Gesundheit, bevor es auch im gewöhnlichen Leben, u.a. auch auf griechischen Münzen, Einzug fand. Seine höchste Bedeutung erhielt es jedoch in verschiedensten gnostischen Sekten, die es als Symbol für den Mikrokosmos, den Menschen und die fünf Ele-mente der Alten verehrten; eine Bedeutung, die bis heute in nahezu allen westlich tradierten magischen Systemen erhalten blieb. Es fand und findet Verwendung auf Amuletten und Talismanen, bannenden Sigillen und Schutzglyphen oder in magi-schen Kreisen. Uns interessieren hier jedoch ausschließlich die Rituale, die mit diesem Symbol praktiziert werden können. Dazu müssen wir uns mit seiner inne-ren Struktur und den verschiedenen Möglichkeiten, es zu konstruieren, die damit eng zusammenhäängen, befassen.

Wie jeder Stern mit einer ungeraden Zahl von Strahlen ("Penta = fünf), läßt sich auch das Pentagramm mehrfach deuten. Das Pentagramm wurde (und wird) ge-braucht als Zeichen:

1. **der positiven Kräfte** (Einheit, männlich, dynamisch, Lingam) mit der Spitze nach oben, genau ausgerichtet (s. Abb. oben).

2. **Der negativen Kräfte** (Zweiheit, weiblich, passiv, Yoni) mit der Spitze nach unten.

Zwar bieten sich die beiden unterschiedlichen Formen für Interpreta-tionen des Guten und Bösen an, wie in der folgenden Abbildung ange-deutet, doch sollte man diese nicht zu wörtlich nehmen.

Denn das Pentagramm bildet die fünf Elemente Geist, Feuer, Wasser, Luft und Erde ab; und was sollte an ihnen gut oder böse sein? So ist etwa Strom für eine Lampe "gut", jedoch "schlecht" für jemanden, der in die Steckdose faßt (es sei denn, er wollte sich umbringen). Es ist also eher eine Frage des Standpunktes und der Ziele, welche Kräfte man als positiv bzw. negativ betrachtet. Welche der bei-den Formen man also für sein Ritual verwenden sollte, das sei bereits an dieser Stelle vermerkt, hängt allein davon ab, was der Praktizierende damit erreichen will.

Der Golden Dawn-Orden gibt etwa folgendes Beispiel für die Verwendung der beiden Pentagramm-Formen (und auch hier gilt, daß Gut und Böse relative Begrif-fe sind):

Das Pentagramm ist ein sehr mächtiges Symbol, das die Wirkung des ewigen Gei-stes und der 4 Elemente unter der Herrschaft der Buchstaben des Namens JEHESHUA darstellt. Die Elemente selbst werden durch IHVH[2] beherrscht, und der Buchstabe Shin (Sh) repräsentiert den Ruach Elohim, den göttlichen Geist.

---

[2]   Die hebräischen Buchstaben Jod, He, Vau, He (gesprochen: Jehova) als Zuordnung zu den vier Elementen Feuer, Wasser, Luft, Erde in der gleichen Reihenfolge.

Wird dieser Buchstabe in die Mitte eingefügt, so entsteht der Name IHShVH, ge-sprochen: Yeheshua.

Von jeder Spitze des Pentagrammes erstrahlt ein flammender Blitz der Ausstrahlung des Göttlichen. Deshalb wird es zur Bestätigung der göttlichen Energie, die darin gefunden wird, "das flammende Pentagramm" genannt. Als Symbol des Guten, der Herrschaft des göttlichen Geistes, wird der einzelne Punkt nach oben gestellt. Zeigen 2 Punkte nach oben, so bestätigt es die Herrschaft der Materie über den Geist und kann so als ein böses Symbol betrachtet werden.

Wenn es notwendig ist, mit einem Geist böser Natur zu verkehren und ihn festzuhalten, ohne ihn zu Quälen, so muß dieses umgekehrte Pentagramm verwandt werden. In diesem Fall wird die Spitze des magischen Schwertes auf den einzelnen unteren Punkt des Pentagramms gehalten, bis es dem Geist erlaubt wird, wieder zu gehen. Bedenke, daß Du kein Recht hast, solch einen Geist zu verletzen oder ihn lächerlich zu machen.

Den verschiedenen Punkten des Pentagramms sind Elemente, Zeichen und bestimmte Worte der Kraft (=Gottesnamen) zugeordnet.[3] In der folgenden Abbildung stehen die Elemente jeweils in der Mitte, darüber die Sternzeichen, die den Elementen zugeordnet werden[4], und unten die entsprechenden Gottesnamen der hebräischen Tradition.[5]

Geist (Äther)

Aquarius Luft IHVH	**Scorpio** Wasser EL
Taurus Erde ADNI	**Leo** Feuer ALHIM

---

[3] Mehr dazu weiter unten.

[4] Aquarius = Wassermann, Scorpio = Skorpion, Taurus = Stier, Leo = Löwe; lateinische Begriffe.

[5] Gesprochen: JHVH: Jehova, EL: Al, ADNI: Adonai, ALHIM: Elohim.

DAS KLEINE PENTAGRAMM-RITUAL

Allgemeines

Bisher war nur von dem Symbol selbst die Rede. Die Rituale, um die es im folgenden geht, bedienen sich dieser Symbolik, um mit ihrer Hilfe bestimmte Schwingungen aufzubauen. Pentagramme sind also nur ein notwendiger, aber keineswegs erschöpfender Bestandteil der Rituale.

Das Kleine Pentagrammritual (im folgenden PTR) ist das einfachste derjenigen, die sich des Pentagramms bedienen.

Es eleminiert alle unerwünschten Einflüsse vollständig, insbesondere, wenn Deine visuelle Vorstellung der Pentagramme korrekt und vollständig ist.[6] Durch die Imagination der Pentagramme wird um dich herum eine "Wand" aus Astralfeuer aufgebaut, zusätzlich werden Astralbilder der Engelsfiguren in ihren verschiedenen Figuren aufgebaut, wenn du die Engelsnamen vibrierst.

1. **Raphael** im Osten ist eine riesige Engelsfigur im konventionellen Stil mit einer Robe aus schimmerndem Licht in leuchtend gelber und hellvioletter Färbung, welche blitzt und vibriert. Die Figur muß strahlend und luftig sein, getragen von einer sanften Brise von hinten.

2. **Gabriel** im Westen ist in Blau mit kontrastierendem Gelb gefärbt. Er hält nach oben einen Kelch mit Wasser und steht in einem Strom von klarem fließendem Wasser, welches von einem Wasserfall hinter ihm kommt.

Im Süden **Michael**, bei dem die vorherrschende Farbe ein flammendes Rot ist, unterbrochen von lebhaften Blitzen von Smaragdgrün. In der Hand hält er ein stählerndes Schwert, dessen Spitze nach oben gerichtet ist. Flammenzungen lecken auf der Erde zu seinen Füßen, und eine intensive Hitze wird gefühlt.

Im Norden **Auriel** hat eine Mischung aus Zitron, Braunrot und Schwarz. Er steht auf einem sehr fruchtbaren Boden, Gras und Weizen wachsen über seine Füße. In seinen ausgestreckten Händen hält er Korngarben.

Das Kleine PTR kann auch zu den folgenden Zwecken praktiziert werden:

Als eine Form des Gebetes:

... sollte das anrufende Ritual morgens und das bannende abends gebraucht werden.[7] Die Namen sollten innerlich gesprochen werden, so stark wie möglich im Atem vibrierend und fühlend, daß der ganze Körper mit dem Klang dröhnt und

---

[6]   Vgl. für alles hier Gesagte mit dem praktischen Teil dieses Abschnittes weiter unten: "Vorübungen" und "Die Durchführung".

[7]   Für "anrufend" und "bannend" siehe v.a. das Kapitel zum Großen PTR.

eine Welle von Schwingungen bis zu den Enden der vier Himmelsrichtungen sendet.

Als einen Schutz vor unreinem Magnetismus:

Das bannende Ritual kann gebraucht werden, um sich von Besessenheit oder störenden Gedanken zu befreien. Wähle ein geistiges Bild der Besessenheit und stelle es Dir bildlich vor. Projiziere es außerhalb Deiner Aura. Jetzt stelle Dir die Form im Osten vor und führe das bannende PTR aus, um es zu zerstören. Sieh in Deinem geistigen Auge, wie es an der Außenseite Deines Flammenringes aufgelöst wird.

Vorübungen zum Kleinen PTR

Übung 1: Pentagramme zeichnen

Die folgende Übung sollte täglich 1-2 mal ausgeführt werden. Sie dauert nur ein paar Minuten, und binnen einer Woche sollte man sie vollständig beherrschen.

Es geht in dieser Übung darum, das exakte Zeichnen des Pentagramms zu üben.

Als erstes fertige Dir ein Pentagramm an. Das geht folgendermaßen:

Zeichne auf einem Zeichenkarton zwei Kreise mit gleichem Mittelpunkt mit den Radien 4cm und 6cm. Teile den äußeren Kreis in 5 gleiche Teile und verbinde jeden dieser Punkte mit dem Mittelpunkt. Teile den Kreis so, daß oben ein einzelner Punkt ist. Dieser ist später die Spitze des Pentagramms. (Tip zum Kreisteilen: trage 5 mal 72 Grad ab, denn 5 x 72 ist 360, die Winkelsumme des Kreises). Beziffere, beginnend vom oberen Punkt im Uhrzeigersinn die Punkte von 1-5. Verbinde diese Punkte wie folgt: 1-3-5-4-2.

Wenn Du das richtig gemacht hast, ist im äußeren Kreis jetzt ein fünfzackiger Stern. Jetzt ziehe von jeder Ecke zum Mittelpunkt einen Strich, dadurch bekommst Du du die Ecken für den inneren Kreis, als Schnittpunkte der Verbindungslinien mit demselben. Verbinde diese Punkte nun nach dem gleichen Schema zu dem inneren Pentagramm. Dieses so entstandene doppelte Pentagramm kannst du jetzt leuchtend ausmalen.

Wenn Du ein größeres Pentagramm zeichnen willst, so mußt Du nur die Radien der Kreise entsprechend vergrößern. Ihr Verhältnis zueinander sollte immer etwa 2:3 sein.

Jetzt nimm Dir ein leeres Blatt Papier und einen Kugelschreiber. Lege das gemalte Pentagramm vor Dich hin und übe jetzt auf dem leeren Blatt das Zeichnen desselben. Fange klein an und zeichne die Pentagramme immer größer, je sicherer Du wirst. Sie sollen ganz exakt und in allen Ecken geschlossen sein.

Es gibt viele Arten, ein Pentagramm anzufertigen. Du kannst in jeder Ecke beginnen und in jeweils 2 Richtungen ziehen. (Mehr dazu später). Wir üben zunächst eine ganz bestimmte Form. Es ist die einfachste. Sie wird dem Element Erde zugeordnet und bannt dieses. Beginne links unten und ziehe nach oben, von oben nach rechts unten, von rechts unten nach links Mitte und von dort nach rechts Mitte und zurück zum Ausgangspunkt. Wenn Du es schaffst, ein etwa Din A4 großes Pentagramm exakt zu zeichnen, dann gehe zur nächsten Übung.

Übung 2: Ziehen in der Luft

Erster Schritt: Nimm Dein zuerst angefertigtes Pentagramm (das gemalte) und lege es vor Dich hin. Strecke den Zeigefinger der rechten Hand aus und ziehe in der Luft über dem Pentagramm die Linien nach. Wenn Du das kleine gemalte Pentagramm nachzuziehen beherrschst, dann mache größere in der Luft, indem Du das DinA4 große als Parallel-Vorlage im Zentrum Deiner imaginierten Figur zur Kontrolle benutzt. Wenn Du dies sicher ausführen kannst, gehe zum nächsten Schritt über.

Zweiter Schritt: Stelle Dich mit dem Gesicht nach Osten und ziehe mit dem Zeigefinger ein ca. 1,50 m großes Pentagramm in die Luft.[8] Du solltest jetzt so vertraut mit dem Bewegungsablauf sein, daß Dir das ganze leicht fällt. Achte aber trotzdem darauf, so exakt wie möglich zu sein. **Und, besonders wichtig: Anfangs- und Endpunkt müssen sich decken. D.h., das Pentagramm muß geschlossen sein, sonst verliert es seine Wirkung.**

Übung 3: Beleben des Pentagramms

Erster Schritt: Ziehe wieder, wie Du es schon kannst, ein 1,50 m hohes Pentagramm, aber diesmal mit geschlossenen Augen. Achte auch hier darauf, daß das Pentagramm keine offene Stelle an der letzten Ecke hat. Ziehe mehrere hintereinander und mache ab und zu zwischendurch die Augen auf, um zu kontrollieren. Nach einiger Zeit hast Du ein sicheres Gefühl, wann Dein Pentagramm exakt und lückenlos gezogen ist. Wenn Du dieses Gefühl entwickelt hast, gehe zum nächsten Schritt über.

Zweiter Schritt: Mache die Übung wie vorher, aber stelle Dir jetzt mit geschlossenen Augen das Pentagramm strahlend vor. Du kannst weiß oder rot glühend als Farben wählen, je nachdem, was Dir mehr liegt.[9] Ziehe das Pentagramm und stelle Dir vor, es leuchtet in dem Moment auf, wo Du zum Endpunkt zurückgekehrt bist. Betrachte mit geschlossenen Augen das Ergebnis. Achte darauf, daß es einen Mo-

---

[8] In dieser Größe werden später auch die Pentagramme des Pentagrammrituals gezogen. Doch dieses Maß sollte nicht als unbedingtes Muß verstanden werden. Für den Anfänger eignet sich diese Größe besonders, weil sie zum einen am besten den tatsächlichen Bewegungen im Ritual entspricht, zum anderen, weil derartig große Pentagramme, vor dem Wand des zu schützenden Raumes stehend, mehr Sicherheit signalisieren. Später mag man die Größe ändern; und bei einigen stellen sich fast automatisch mit den ersten Übungen bestimmte Größen ein. Man sollte beim Pentagrammritual einfach die Maße verwenden, bei denen man sich am sichersten fühlt.

[9] Auch andere Farben sind möglich, und auch hier gilt, daß das Gefühl der eigenen Sicherheit das entscheidende ist. Wie bei den Maßen, stellt sich auch bei einigen die richtige Farbe wie von selbst ein.

ment exakt so stehen bleibt, ohne zu flackern. Wenn Du es schaffst, dieses Bild etwa eine Minute lang exakt zu halten, gehe zum nächsten Schritt über.

Dritter Schritt: Übe wieder mit geschlossenen Augen. Stelle Dir aber jetzt vor, daß aus Deinem Finger während des Ziehens die glühende Energie kommt und Du damit das Pentagramm in die Luft zeichnest. Versuche als nächstes, die Zeit, in der Du das gezogene Pentagramm vor dem inneren Auge behältst, weiter zu verlängern, so daß Du etwa auf 2 Minuten kommst. Wenn Du das schaffst, dann bist Du schon ganz gut.

Übung 4: Die Sichtbarmachung

Mache die Übung in einem dunklen Raum. Ziehe die Pentagramme jetzt mit geöffneten Augen und versuche sie zu sehen. Stelle Dir dabei vor, daß die Energie aus Deinem Finger in das Pentagramm fließt. Zu Anfang wirst Du das Pentagramm vielleicht nur schwach sehen, etwa schwärzer, als es der Raum ist. Aber mit der Zeit wird es immer deutlicher werden. Versuche auch hier, das Bild so lange wie möglich zu halten. Je länger Du dies schaffst, desto stärker sind Deine Pentagramme.

Die Übung ist erfolgreich beendet, wenn Du das Pentagramm mit offenen Augen schwach hell schimmern siehst.

Die Durchführung des Kleinen PTRs

Zur Vorbereitung:

Je nach Zugrichtung, kann man mit den PTRs Kräfte anrufen oder bannen. Wir kommen jetzt zu einer der wichtigsten Praktiken, welche als das `Bannende Ritual des Pentagramms' bekannt ist. (Anrufungen später). Bevor das eigentliche Ritual beschrieben wird, hier noch eine wichtige vorbereitende Imaginationsübung.

Stelle Dich mit dem Gesicht nach Osten, etwa 2 m von der Wand entfernt. Die Füße stehen schulterbreit auseinander. Imaginiere kurz vor der Wand ein ca. 1,50 m hohes Pentagramm in der Farbe, in der Du es bei den Vorübungen gezeichnet hast.

Strecke Deinen rechten Arm und den Zeigefinger aus (später, wenn vorhanden, nimmst Du den Stab oder Dolch statt des Zeigefingers). Führe den ausgestreckten Arm soweit nach links unten, daß die Spitze Deines Zeigefingers auf die linke, untere Ecke des imaginierten Pentagramms zeigt. Jetzt fahre damit zu der oberen Spitze des Pentagramms und übertrage dabei gleichzeitig die glühende Energie. Es geht dann genauso weiter zur rechten unteren Ecke (rechter Fuß), linke obere Ecke (linke Schulter), rechte obere Ecke (rechte Schulter) und zurück zum Ausgangspunkt.

Das Pentagramm und die Kraftübertragung müssen sicher und genau ausgeführt sein. Jetzt steche in den Mittelpunkt, damit ist die Figur vollendet. Du hast jetzt ein vibrierendes, glühendes Bild eines astralen Pentagrammes.

Vom Mittelpunkt des Pentagramms gehe mit der ausgestreckten Hand - weiter Deine astrale Kraft aus der Hand projizierend - nach Süden und vollziehe hier das gleiche. (Vgl. Abb.) Dann genauso im Westen und Norden, um den Kreis schließlich im Osten zu schließen. Du hast dann in jeder Himmelsrichtung ein glühendes Pentagramm, sodaß der Raum gesäubert und geschützt ist vor allen unerwünschten Einflüssen.

Mit der Durchführung dieser Praktik mußt Du völlig vertraut sein, auch ohne diese Seiten zur Hilfe zu nehmen.

Bedenke: Für den Magier heißt imaginieren sehen. Genauso sehen, als stünde das imaginierte vor Dir. Imaginieren heißt erschaffen. Alles Erschaffene kann gesehen werden.

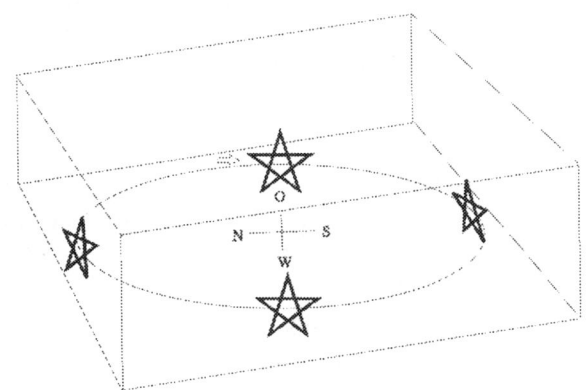

Das Kleine Pentagrammritual

Vorbemerkung: Die auszuführenden Teile sind in Normalschrift abgedruckt. In **Fettschrift** ist alles, was vibriert wird. In *Kursivschrift* werden die Dinge abgedruckt, die innerlich, geistig zu tun sind. Die in Klammern "()" stehenden Zahlen verweisen auf Kommentare im Anschluß an die Beschreibung der Ritualdurchführung.

Stelle Dich Richtung Osten (1). Danach mit der rechten Hand:
1. Berühre Deine Stirn und vibriere (2): **Ateh** (3)
2. Berühre Deine Brust und vibriere: **Malkuth**
3. Berühre Deine rechte Schulter und vibriere: **va Geburah**
4. Berühre Deine linke Schulter und vibriere: **va Gedulah**

5. Falte die Hände auf der Brust und vibriere: **Le Olahm, Amen**

Während Du dieses tust, imaginiere, wie das weiße Licht der universellen Energie (4) herunterkommt und in Deinem Körper ein leuchtendes Kreuz bildet, welches jedes Organ und jede Zelle mit Energie auflädt.

6. Ziehe mit dem entsprechenden Werkzeug (gewöhnlich Dolch oder der Stab, doch für den Anfang genügt der Zeigefinger) das bannende Pentagramm der Erde (jenes, welches zum Schluß geübt wurde, von der linken unteren Ecke zur Spitze), vibriere **YE-HO-VAH** (5). Setze das Werkzeug ins Zentrum (6) und

7. Wende Dich gen Süden (7), ziehe das Pentagramm und vibriere: **ADONAI.** Setze das Werkzeug ins Zentrum und

8. Wende Dich nach Westen, ziehe das Pentagramm und vibriere: **EHIEH.** Setze das Werkzeug ins Zentrum und

9. Wende Dich gen Norden, ziehe das Pentagramm und vibriere: **AGLA.** Setze das Werkzeug ins Zentrum und

10. Wende Dich gen Osten und vervollständige den Kreis, indem Du das Werkzeug in das Zentrum des ersten Pentagramms zurückbringst. Dann breite die Arme in Kreuzform aus und sage:

11. **Vor mir Raphael (8)**

12. **Hinter mir Gabriel**

13. **Zu meiner Rechten Michael**

14. **Zu meiner Linken Auriel**

Während Du die Engelsnamen vibrierst, stelle Dir die Engel in den entsprechenden Himmelsrichtungen stehend vor, und zwar so, wie unter "Allgemeines" beschrieben.

15. **Denn um mich flammt das Pentagramm**

Imaginiere alle 4 Pentagramme in den 4 Himmelsrichtungen um Dich herum.

16. **und in der Säule steht der 6strahlige Stern. (9)**

Imaginiere in Brusthöhe das Hexagramm in Deinem Körper glühend.

17. Wiederhole das kabbalistische Kreuz Nr. 1 - 5.

Kommentare

Alle PTRs, also auch das Kleine PTR, bestehen aus drei Teilen:

★ Dem Kabbalistischen Kreuz (Nr. 1-5)
★ Den Pentagrammen (Nr. 6-10)
★ Der Visualisation der Engel und Zeichen (Nr. 11-16)

Zum Abschluß folgt gewöhnlich zur Bestätigung erneut das Kabbalistische Kreuz. (Jedoch nicht, wenn weitere Rituale angeschlossen werden).

(1) Das Kleine PTR beginnt immer im Osten. Diese Himmelsrichtung ist das Symbol für die aufgehende Sonne. Hier wird auch das erste Pentagramm gezogen. Es ist von Vorteil, wenn Du mit der entsprechenden Geisteshaltung in diese Richtung blickst. In freudiger Erwartung der Sonnenkraft. Die Sonne entspricht auch dem Solar Plexus in der Mitte Deiner Person und der Sephirah Tiphareth am Baum des Lebens (vgl. (4)).

(2) Vibrieren bedeutet, in lautem Sprechgesang, mit tiefer Stimme, langsam und überdeutlich intonieren. Je tiefer und sonorer die Stimme (das gilt auch für Frauen), desto besser. Allerdings ist dies nur ein Kriterium für das richtige Vibrieren. Es muß ein tiefer Ton gefunden werden, der uns selbst erregt, wenn wir ihn erzeugen. Vibrationen im Hals, Kopf oder Brustraum sind ein deutliches Zeichen, daß man "seinen" Ton gefunden hat.

(3) Die gesprochenen Worte in 1-5 lauten, aus dem Hebräischen übersetzt: "Dein ist das (Ateh) Reich (Malkuth) und die Kraft (va Geburah) und die Herrlichkeit (va Gedulah) in Ewigkeit (Le Olahm), Amen." Wer mit dieser einschlägigen Symbolik Probleme hat, kann es mit der Mittleren Säule versuchen (siehe das entsprechende Kapitel) oder die Henochischen Worte benutzen (siehe Kapitel Progressive Varianten).

(4) Die Imagination, die hier zu leisten ist, läßt sich auf den Baum des Lebens zurückführen, der das Kabbalah-Symbol des Menschen und des Universums ist. Er wird im folgenden Abschnitt näher erläutert. Beim Berühren der Stirn vergegenwärtigen wir uns der Sephirah Kether, die sich über unserem Kopf befindet. Beim Herunterziehen zur Brust stellen wir uns vor, wie der Strahl von Kether bis nach Tiphareth und weiter bis zu unseren Füßen, nach Malkuth, fließt. Mit dem Kreuz an unseren Schultern imaginieren wir die rechte und linke Säule am Baum des Lebens, hier stilisiert durch die Sephiroth Chesed und Geburah. Das ganze Kabbalistische Kreuz ist also eine verkürzte Form der Mittleren Säule, in der es darum geht, sich als in dem Lebensbaum stehend vorzustellen und von seiner Kraft durchströmt zu werden.

(5) Die beim Kleinen PTR verwendeten Gottesnamen entsprechen nicht der direkten Zuordnung zu den Ecken.

(6) Das Werkzeug in das Pentagrammzentrum zu setzen und sich dann weiterzudrehen, muß genauso konzentriert ausgeführt werden wie das Ziehen der Pentagramme. Diese stehen ja nur in den vier Himmelsrichtungen. Erst das Verbinden der Zentren schließt den Kreis; also auch hierbei Energie aus den Händen bzw. dem Werkzeug imaginieren.

(7) Wie Du bemerkst, ist die Bewegung beim Erstellen der Pentagramme eine im Uhrzeigersinn.

(8) Stelle Dir die Engel wie beschrieben inmitten der leuchtenden Pentagramme stehend, als Wächter und Vorsteher (und damit sowohl Beschützer als auch zur

Bestätigung, daß das Ritual erfolgreich durchgeführt wurde) der entsprechenden Elemente, vor. Ihre Zuordnung ist folgende:

Raphael - Osten - Luft

Gabriel - Westen - Wasser

Michael - Süden - Feuer

Auriel - Norden - Erde

(9) Der sechsstrahlige Stern ist das Hexagramm der Planeten. Man kann es aber auch durch das unikursale Hexagramm ersetzen (s. Kapitel "Progressive Variationen").

DER BAUM DES LEBENS

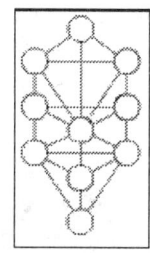

Im Einleitungsteil jedes PTRs wird Kraft gesammelt, die darauffolgend in die Errichtung der Pentagramme investiert werden soll. Dies geschieht mit dem Kabbalistischen Kreuz, wie bisher dargestellt, oder mit der Übung der Mittleren Säule in zwei verschiedenen Varianten, wie noch zu zeigen sein wird. In all diesen Fällen wird allerdings mit dem Baum des Lebens gearbeitet, der diesen Praktiken zugrunde liegt. Es ist daher von Vorteil, einiges über dieses Modell zu wissen, über seinen theoretischen Hintergrund und über den Baum selbst, wie er aussieht und welche Entsprechungen er zum menschlichen Körper und zu magischen Sphären hat.

Im nächsten Abschnitt wird einiges über die Theorie zum Baum des Lebens zu erfahren sein. Darauffolgend wird eine Anleitung zur Anfertigung des Baumes gegeben. Letzteres ist von unschätzbarem Nutzen für unsere Imaginationskraft. Je intensiver wir in der Lage sind, den Baum des Lebens, mit all seinen Farben und seiner komplexen Symbolik, zu imaginieren, desto stärker wird die Wirkung jedes PTRs. Und eine zeichnerische Anfertigung des Baumes mit den eigenen Händen hilft dabei sehr.

Theorie: Der Baum des Lebens

In dem folgenden Text wurde das Hauptgewicht auf kurze und leichte Verständlichkeit gerichtet. Die Darstellung ist daher etwas ungenau. Sie kann nur der Nährboden sein, auf welchem das Verständnis der Kabbala wachsen kann.

"Kabbala" ist ein hebräisches Wort, das Wissen oder Überlieferung bedeutet. Grundlagenwerke sind der "Sepher Yetzirah", das Buch der Schöpfung und der "Sohar", das Buch der Herrlichkeit. Sie wurden im 3. bis 6. bzw. im 13. Jahrhundert n. Chr. schriftlich niedergelegt. Die ältere Überlieferung war hauptsächlich mündlich, läßt sich aber teilweise bis zum alten Ägypten zurückverfolgen.

Anders als die Christen, die glaubten, daß der Weg zur Erlösung durch Glauben, Liebe und gute Taten geht, sagen die Kabbalisten, daß es nur möglich ist, Gott oder das Urprinzip durch Erkenntnis zu erreichen. Wir sind also nicht durch Sünde im christlichen Sinne von Gott abgeschnitten, sondern durch Unwissenheit unfähig, das Urprinzip zu erkennen.

Die Kabbala ist zwar komplex und unerschöpflich, aber in ihren grundlegenden Vorstellungen zugänglich. Ein grundlegender Gedanke der Kabbala ist es, daß alle Dinge im Universum Teil eines organischen Ganzen sind, das von Gesetzen beherrscht wird. Zwischen den Dingen gibt es Verbindungen oder Entsprechungen, auch wenn diese nicht offensichtlich sind. Alle Erscheinungen enthalten etwas vom

Urprinzip, und das Urprinzip ist durch die Erscheinungen erkennbar. Es ist wie mit einem Buch: man muß lesen lernen.

Insbesondere der Mensch erscheint als eine Widerspiegelung sowohl des Urprinzips als auch des materiellen Universums, Makrokosmos und Mikrokosmos. Der

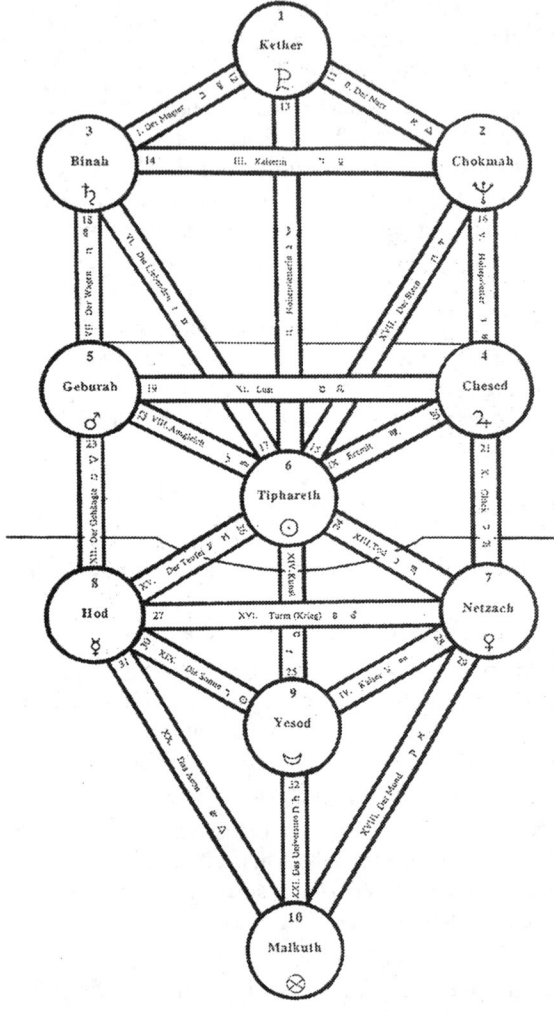

Makrokosmos ist ein Symbol für die "große Welt" das ganze Universum, wohingegen der Mikrokosmos, "die kleine Welt", dem Menschen entspricht. Eins entspricht immer dem anderen, d.h., es kann in Deinem Universum nichts geben, was Du nicht in Dir trägst. Auf dieser Grundlage beruht auch der Gedanke eines Pfades, den wir stufenweise erklimmen können, um uns dem Urprinzip zu nähern. Die Pfade sind die verbindenden Balken zwischen den Sephiroth (s. u.).

Eine Grundvorstellung der Kabbala besteht darin, daß das Urprinzip (oder der Höchste Gott) vollständig unbegreiflich ist. Es kann niemals direkt angesprochen werden, auch nicht im Gebet. Es ist Alles und Nichts. Es hat keine Eigenschaften, und ist daher weder gut noch böse. Die Kabbala nennt dieses Prinzip "Ain Soph", das Grenzenlose. Es hat das Universum nicht erschaffen, ist folglich auch nicht dafür verantwortlich, sondern das Universum floß aus ihm heraus, nicht als Willensakt, sondern notwendig.

Auch dieser Vorgang ist noch nicht vollständig begreifbar, aber er liefert zumindest einige Anknüpfungspunkte. Der "Sohar" verwendet hier ein Bild:

Aus dem "Ain Soph" brach ein einzelner Lichtstrahl, und aus diesem Licht kamen neun weitere Lichtstrahlen. Dieses "Ausfließen" von Lichtstrahlen ist eine erste Offenbarung von Aspekten des unbegreiflichen Urprinzips. Jeder der 10 Lichtstrahlen kann sowohl als eine Facette des Urprinzips als auch als eine Stufe seiner Offenbarung angesehen werden. Diese Lichtstrahlen sind bekannt als die "Sephiroth" (ein Licht ist eine Sephira). Sie sind die Identitäten, welche erkannt werden können. Am Baum sind sie durch die 10 Kreise dargestellt.

Diese Sephiroth sind die Kräfte hinter dem Menschen und dem Universum. Der Baum des Lebens, die zeichnerische Darstellung der Sephiroth, zeigt, wie das Urprinzip von Kether, der höchsten Sephira, durch die anderen Sephiroth zu Malkuth, der niedrigsten, herabfließt bzw. sich zu unserer materiellen Welt verwirklicht. Umgekehrt zeigt das aber auch den Weg, den der Mensch von Malkuth zu Kether, zu seiner Vervollkommnung, gehen muß .In den Sephiroth finden wir nun die Entwicklung der Eigenschaften Gottes. Von diesen sind einige männlich und einige weiblich. Die christlichen Übersetzer der Bibel haben sorgfältig jeden Hinweis darauf, daß Gott sowohl männlich als auch weiblich ist, gründlich ausgemerzt. Sie haben im Falles des Wortes ELOHIM, einen weiblichen Plural, durch einen männlichen Singular - Gott übersetzt. Es gibt in der christlichen Übersetzung aber Stellen, die klarmachen, daß die Übersetzer wußten, daß ELOHIM eine Pluralform ist. Z.B. 1. Mose 1.26: "Und Gott (ELOHIM) sprach: lasset uns Menschen machen." Daß diese Pluralform nicht aus "Standesgründen" als 1. Person Plural verwandt wurde, zeigt sich daran, daß in anderen Versen, z. B. 1. Mose 18: "Ich will ihm eine Gehilfin machen", übersetzt wurde. Interessant ist auch 1. Mose 27: "Und Gott (ELOHIM) schuf den Menschen ihm zum Bilde, zum Bilde Gottes schuf er ihn; und schuf einen Mann und ein Weib." Wie auch in Vers 26 bestätigt, schuf er den Menschen als ein Bild, das ihm gleich ist - männlich und weiblich. Das Wort ELOHIM ist ein Plural aus dem weiblichen Singular ALH, ELOH mit der Hinzufügung der maskulinen Pluralendung IM. Das gibt dem Wort ELOHIM den Sinn einer Vereinigung von männlich und weiblich, und so auch die Kraft, Abkömmlinge hervorzubringen oder zu schöpfen. Im Deutschen würde eine richtige Übersetzung von ELOHIM "Göttinner" lauten, der weibliche Singular "Göttin" mit der männlichen Pluralendung "er".

Bevor die Gottheit sich in dieser Form - als männlich **und** weiblich - darstellte, konnte das Universum nicht bestehen, oder in den Worten der Genesis: "Und die Erde war wüst und leer". Diese Zeit wird in der Kabbala durch die "Könige von Edom, die regierten, bevor es einen König in Israel gab" symbolisiert.

Nach der Kabbala wurden vor der jetzigen Welt, vor der Erschaffung des ersten Menschen, gewisse Urwelten geschaffen, die aber nicht bestehen konnten, weil das Gleichgewicht der Kräfte noch nicht vollkommen war, und sie durch die unausgeglichenen Kräfte zerstört wurden. Dies waren die "Könige der Alten Zeit", oder "Die Älteren Götter" oder "Die Könige von Edom, die vor den Königen Israels regierten". Edom ist deshalb die Bezeichnung der Welten der unausgeglichenen

Kräfte, der Welten des Chaos. Israel sind die ausgeglichenen Sephiroth. Diese Sephiroth stellen nun die Eigenschaften Gottes oder das Universum in seiner Ganzheit mit all seinen Eigenschaften und Ebenen dar.

Da jede Sephira ein Prinzip charakterisiert, kann der Baum alles Existierende aufnehmen. Jedes Ding und auch jeder Gedanke kann einer bestimmten Sephira zugeordnet werden. Nach einiger Zeit wird er so zu einer inhaltsreichen und vielseitigen Darstellung des Universums.

Um das Verständnis von den Sephiroth und den Beziehungen zwischen ihnen zu vertiefen, und ihre Darstellung zu vereinfachen, kann man sie in verschiedene Gruppen einteilen. Wir besprechen sie im folgenden nach ihrer Gruppierung in den 3 Säulen am Baum des Lebens.

Die **rechte Säule** bringt die männlichen, positiven, hellen Seiten zum Ausdruck. Sie ist das Yang, **Chokmah** ist der Vater des Universums, die männliche, aktive Kraft hinter allen Tätigen und Schöpferischen. **Chesed** ist die zivilisierende, beschützende, liebende, väterliche Kraft. **Netsach** ist die Kraft der Natur, der Impuls und die Emotionen. Diese drei Sephiroth bilden die Säule der Gnade.

Die Sephiroth auf der **linken Seite** verkörpern die weiblichen, passiven, dunklen Prinzipien, das Yin. **Binah** ist die Mutter des Universums, passiv und aufnehmend bis zur Befruchtung, danach fruchtbar. In Binah sind die schlummernden Möglichkeiten der Formen. Sie ist das Gegenstück zu Chokmah, dessen Kraft sie Wert bzw. Form gibt. Chokmah ist wie zwei gerade Linien, die niemals einen Raum umschließen können. Chokmah ist daher kraftlos, bis die Nr. 3, Binah,

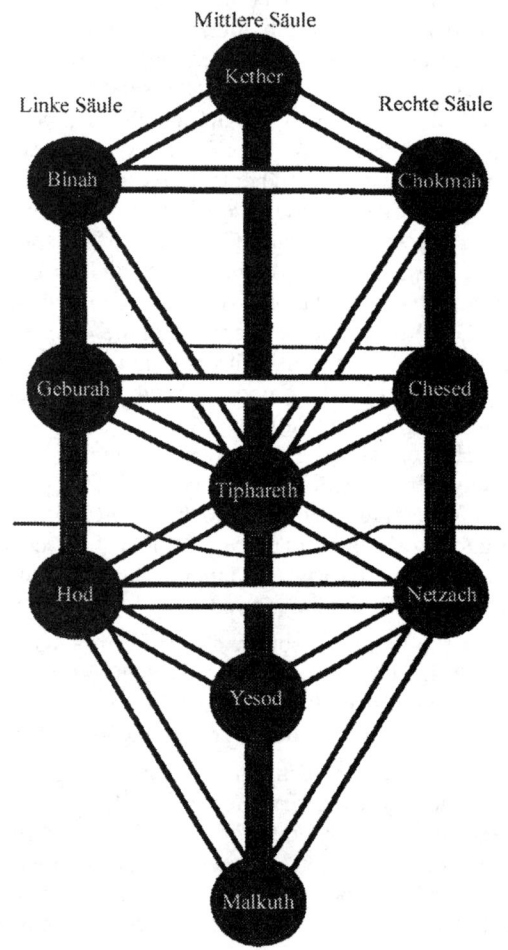

Mittlere Säule

Linke Säule   Rechte Säule

Kether

Binah   Chokmah

Geburah   Chesed

Tiphareth

Hod   Netzach

Yesod

Malkuth

ein Dreieck formt. Binah vervollständigt so die Höchste Dreiheit. Sie wird auch AIMA, die Große Mutter, genannt, die ewig mit Chokmah AB, dem Vater zur Erhaltung des Universums verbunden ist, beide - wie Shiva und Shakti bei den Indern, ständig kopulierend. Die Kabbala stellt Mann und Frau als vollständig gleich und gleichberechtigt dar. **Geburah** ist die gebündelte Energie, stark und mit zerstörerischer Kraft. Die liebende Energie von Chesed wird hier gesammelt und konzentriert, und so zu Stärke und Strenge. **Hod** sammelt die Energien von Netsach, die Emotionen, welche hier zur Vernunft werden, zur Inspiration. Diese drei Sephiroth bilden die Säule der Strenge.

Die **Mittlere Säule** oder das Bewußtsein stellt das Gleichgewicht her. **Kether** ist die erste Emanation (Ausfluß) des unbegreiflichen Urprinzips und beherrscht die obere Dreiheit. Es ist das höchste Stadium der menschlichen Entwicklung oder Erleuchtung. **Tiphareth** ist das Selbst, der "Heilige Schutzengel". Zwischen Gnade und Strenge manifestiert sich das Selbstbewußtsein, der freie Wille, Yesod ist das Fundament, das Unbewußte, das Astrale. Ganz unten ist der Mensch im Königreich, in seinem tatsächlichen Sein, welches aber die neun anderen Sephiroth enthält, die er nur verwirklichen muß: **Malkuth**.

Der Baum ist auch eine Darstellung des körperlichen Menschen. Kether ist über dem Kopf, und Yesod ist die Genitalgegend. So haben die Sephiroth im Körper die gleiche Funktion wie die Chakren (Kraftzentren) der östlichen Systeme.

Die 22 verbindenden Linien zwischen den Sephiroth werden die "Pfade der Weisheit" genannt. Die Sephiroth sind natürliche Kräfte, die Pfade Bewußtseinszustände. Die Sephiroth sind statisch, die Pfade dynamisch. Jeder Pfad verkörpert einen Gleichgewichtszustand zwischen den Kräften der beiden Sephiroth, die er verbindet. Genauso wie die Sephiroth, haben auch die Pfade ihre Entsprechungen oder Korrespondenzen (Entsprechungen) in Planeten, Tierkreiszeichen, Farben, Pflanzen, Steinen, Tieren und Tarotkarten. Einige davon sind in obiger Abbildung angegeben.

Eine praktische Anwendung des Baumes geschieht durch das "Bearbeiten" der Pfade in Meditation und Magie. Einen Pfad zu bearbeiten bedeutet, auf ihm zu reisen. Hilfsmittel für diese Reise sind die Entsprechungen.

Für jeden Pfad gibt es eine Tür, durch welche man ihn betreten kann. Bei diesem Bearbeiten ist es wichtig zu beachten, daß jede Sephira einen negativen Aspekt oder eine Qlipha besitzt, welcher man sich stellen muß.

Der Baum des Lebens ist eine Methode zum Gebrauch des Geistes, nicht ein System des Wissens.

Die Anfertigung des Baumes

Du solltest Dir diesen Baum so exakt und sorgfältig wie möglich anfertigen und ihn Dir gut sichtbar irgendwo aufhängen, wo Du ihn oft siehst. Dadurch prägst Du

Dir alle Symbole und Beziehungen unterbewußt automatisch ein. Den Baum zu imaginieren, wird dadurch mit der Zeit immer leichter.

Die nun folgenden Angaben beziehen sich auf eine Blattgröße von DinA-4. Es ist zu empfehlen, DinA-2 zu nehmen. Dann mußt Du die angegebenen Maße vervierfachen.

Du benötigst: weißen Zeichenkarton, Zirkel, Bleistift, Lineal, Radiergummi.

Danach benötigst Du Pinsel und Farben. Am besten bewährt haben sich Temperafarben von Firma Schmincke, aber sie sind nicht gerade billig.

Ganz zum Schluß solltest Du Dein Werk mit Firniss fixieren und dann mit einem guten Klarlack überstreichen, damit die Farben richtig zur Wirkung kommen.

1. Teile das Blatt durch einen dünnen Bleistiftstrich quer und längs in 4 gleiche Teile.
2. Zirkel auf 62mm stellen.
3. Schlage um den Mittelpunkt des Blattes (der Schnittpunkt der von Dir gezeichneten Linien) einen Kreis.
4. Schlage um den unteren und oberen Schnittpunkt des Kreises mit der Längslinie einen Kreis.
5. Schlage um den oberen Schnittpunkt des Kreises mit der Längslinie einen Kreis. Keine Angst, ich weiß, daß er nicht ganz aufs Blatt paßt, aber das macht nichts.
6. Du mußt jetzt auf der Längslinie 5 und auf den Seiten je 3 Schnittpunkte der Kreise haben. Wenn nicht, beginne noch einmal bei 1.
7. Zirkel auf 15mm.
8. Schlage um jeden der unter 6 genannten Punkte einen Kreis.
9. Ignoriere den zweiten Kreis von oben auf der Längslinie, und Du hast Deine 10 Sephiroth.
10. Nummeriere die Kreise mit Bleistift wie folgt: Der oberste = 1, rechts 2, links 3, rechts 4, links 5, Mitte 6, rechts 7, links 8, Mitte 9, unten 10.
11. Verbinde die Mittelpunkte der Kreise mit Bleistift in folgender Reihenfolge: 1-2, 1-3, 1-6, 2-3, 2-6, 2-4, 3-6, 3-5, 4-5, 4-6, 4-7, 5-6, 5-8, 6-7, 6-8, 6-9, 7-8, 7-9, 7-10, 8-9, 8-10, 9-10.
12. Zeichne im Abstand von 3mm zu beiden Seiten der Verbindungslinie einen Strich, aber nur bis an die Kreislinien, nicht bis in die Sephiroth hinein.

Achtung: Querverbindungen liegen **über** den Längsverbindungen. Zeichne also zuerst die Querverbindungen und unterbreche die Längsverbindungen, wenn sie an eine Querverbindung stoßen (vgl. mit dem oben abgebildeten Baum). Achte darauf auch beim Ausmahlen.

Es folgt nun eine Tabelle, in der jeder der in der Abbildung des Baumes gegebenen Zahlen eine Farbe zugeordnet ist. Male nach diesen Angaben den Baum sauber aus.

1. weiß
2. grau
3. schwarz
4. blau
5. scharlachrot
6. gold
7. smaragdgrün
8. orange
9. violett
10. a,b,c,d = zitrongelb, oliv, rotbraun, schwarz
11. blasses Gelb
12. gelb
13. blau
14. smaragdgrün
15. scharlachrot
16. rotorange
17. orange
18. bernstein
19. gelb (grünlich)
20. grün (gelblich)
21. violett
22. smaragdgrün
23. dunkelblau
24. grünblau
25. blau
26. indigo (schwarzblau)
27. scharlachrot
28. violett
29. karmesinrot
30. orange
31. orangerot
32. indigo

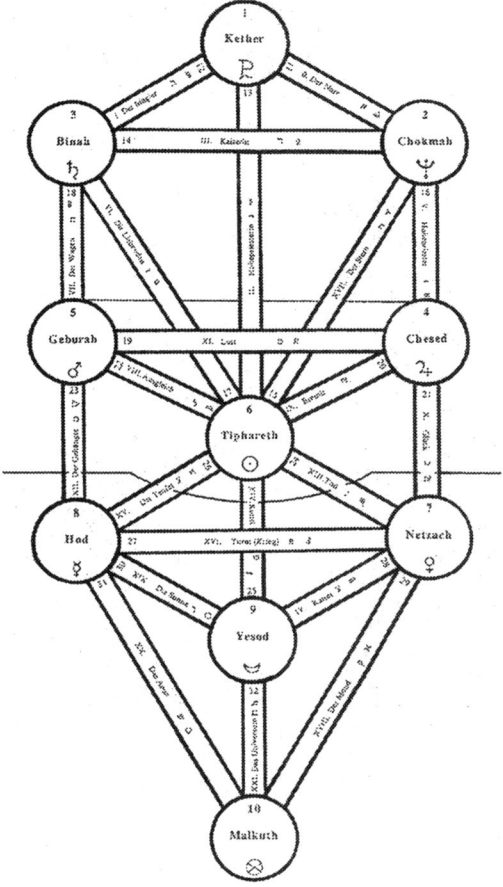

Die Beschriftung

1. Beschrifte in schwarz die Sephiroth mit ihren Namen, zeichne darunter das entsprechende Planetensymbol (vgl. Abb. einige Seiten vorher).

2. Beschrifte die Pfade mit ihren Nummern 11-32. Dazu nimm mindestens die Symbole der Planeten und Elemente und die römischen Ziffern der Tarottrümpfe. Benutze als Vorlage den abgebildeten Baum und ergänze eventuell noch so wie dort.

DAS GROSSE PENTAGRAMM-RITUAL

Das Kleine PTR ist wegen seiner unspezifischen Gebrauchsweise seiner Pentagramme i.d.R. nur als Bannung unreiner Einflüsse und Atmosphären geeignet.

Beim Großen PTR hingegen kommt die innere Symbolik des Pentagramms zum Tragen und wird in dem Ritual voll entfaltet. Es ruft alle vier Elemente an - und muß daher in anrufender und bannender Form (als Abschluß jeder Anrufung) durchgeführt werden.

Im Folgenden werden zunächst Struktur und Zugrichtungen des Pentagramms erläutert. Es schließt sich eine Lernhilfe an, bevor das Große PTR in seiner Durchführung beschrieben wird.

Allgemeines

Die Pentagramme des Geistes

Gleichgewicht des Aktiven   Name: AHIH (Ehieh)

Anrufend   Bannend

Gleichgewicht des Passiven   Name: AGLA (Agla)

Anrufend   Bannend

Die Pentagramme des Feuers

Name: ALHIM (Elohim)

Anrufend   Bannend

Die Pentagramme des Wassers

Name: AL (Al)

Anrufend  Bannend

Die Pentagramme der Luft

Name: IHVH (Je-ho-vah)

Anrufend  Bannend

Das Pentagramm der Erde

Name: ADNI (Adonai)

Anrufend  Bannend

Theoretisches zum Ritual

Die Elemente: Der Luft ist ein wässriges Symbol ♒ zugeordnet, weil sie Regen und Feuchtigkeit enthält. Feuer hat die Form der Löwenschlange ♌, Wasser hat den alchemistischen Adler der Destillation (oder das Zeichen Skorpion ♏), Erde hat den arbeitsamen ♉, und der Geist hat das Rad mit den 8 Speichen ⊕, das eine, welches in allen Dingen wirkt.

Luft und Wasser haben viel gemeinsam. Und weil eins das andere enthält, wurden

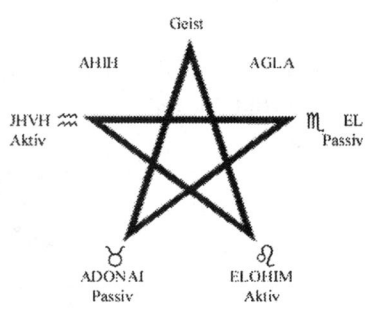

28

ihre Symbole oft miteinander ausgetauscht. Der Adler wurde der Luft und Aquarius dem Wasser zugeordnet. Dies ist auch der Grund dafür, daß das anrufende Pentagramm des einen Elementes das bannende des anderen ist.

Obgleich die Elemente den 4 Himmelsrichtungen zugeordnet sind, haben sie dort keinen festen Ort, sondern sie schwingen zwischen den Himmelsrichtungen. Diese Zuordnung wird von der Natur der Winde abgeleitet. Der östliche Wind ist spezieller von der Art der Luft, der südliche Wind bringt meist Hitze, der westliche Feuchtigkeit und Regen, während der nördliche Kälte und Trockenheit bringt und damit der Erde ähnelt. Der Süd-West-Wind ist gewaltsam und explosiv, die Vermischung der entgegengesetzten Elemente Feuer und Wasser. Die Nord-West- und Süd-West-Winde sind harmonischer, sie vereinigen den Einfluß der zwei aktiven und passiven Elemente.

Die zodiakale Zuordnung ist eine andere. Feuer im Osten, Erde im Süden, Luft im Westen und Wasser im Norden. Luft schwingt daher zwischen Westen und Osten, Feuer zwischen Osten und Süden, Wasser zwischen Norden und Westen, Erde zwischen Süden und Norden. Geist schwingt zwischen Höhe und Tiefe.

Wenn Du anrufst, ist es besser, wenn Du Dich nach der Position der Winde richtest, weil die Erde, die sich immer um ihre Pole dreht, ständig ihrem Einfluß unterworfen ist.

Wenn Du Dich aber erhebst, wenn du in der Geistvision zum Wohnort der Kräfte gehst, ist es besser, wenn Du Dich nach ihrer zodiakalen Anordnung richtest.

Die Ströme, welche von Feuer zu Luft und von Erde zu Wasser fließen, sind die des Geistes, des Mittlers zwischen den aktiven und passiven Elementen. Diese zwei Geist-Pentagramme gehen jeder Anrufung vorher und schließen sie, da sie die Elemente ausgleichen und die Harmonie ihres Einflusses herstellen. Um eine Anrufung zu beenden, werden die Ströme zum Bannen von Luft zu Feuer bzw. von Wasser zu Erde geführt.

Zugrichtungen: Bei den anrufenden und bannenden Pentagrammen des Geistes wird im Zentrum das Siegel des Rades gezeichnet. Bei dem anrufenden Pentagramm der Erde wird die Energie von Geist zur Erde heruntergezogen. Beim bannenden Pentagramm wird die Energie von der Erde zum Geist zurückgeführt. Das Zeichen des Stiers wird in das Zentrum gezeichnet. Diese beiden Pentagramme werden im kleinen Pentagramm-Ritual zum Anrufen oder Bannen benutzt. Dieses kleine Pentagramm-Ritual ist nur in allgemeinen und unwichtigen Anrufungen nützlich. Die Kandidaten lernen es, damit sie einen Schutz gegen feindliche Kräfte haben, und eine erste Idee davon erhalten, wie sie geistige und unsichtbare Dinge anziehen und mit ihnen in Beziehung treten können. Das bannende Pentagramm der Erde dient auch als Schutz, wenn Du es zwischen Dir und einer feindlichen astralen Kraft in die Luft zeichnest. In allen Fällen müssen die Winkel des Pentagramms sorgfältig geschlossen werden, insbesondere der Anfangs- und der Endpunkt.

Das anrufende Pentagramm der Luft beginnt bei der Wasserspitze und das des Wassers bei der Luftspitze, die von Feuer und Erde an der Geistspitze. Das kerubische Zeichen des Elementes wird jedesmal in das Zentrum gezeichnet. Bei den bannenden Pentagrammen werden die Ströme umgekehrt. Aber beachte immer, daß der Kreis um Deinen Arbeitsplatz geschlossen ist, denn dieses ist der Schlüssel zur Wirksamkeit.

Um die Pentagramme herum darf kein Kreis gezogen werden, außer Du willst die Kraft des Pentagramms einschränken oder begrenzen, z.b. um die Kraft auf ein Symbol oder einen Talisman zu konzentrieren und darin zu sammeln.

Regeln:

Anrufen - zu dem Punkt, dem das Element zugeordnet ist.

Bannen - von dem Punkt, dem das Element zugeordnet ist, weg.

Den Kreis um den Arbeitsplatz immer vervollständigen.

Wenn Du ein Pentagramm zeichnest, gib immer das Zeichen des entsprechenden Elementes. Für Geist das Zeichen des Schleiers, für Erde das Zeichen der Gnomen, für Luft das der Sylphen, für Wasser das der Undinen und für Feuer das der Salamander. (s. Gradzeichen im Abschnitt "Durchführung des Großen PTRs").

Wenn Du das Pentagramm gebrauchst, um zodiakale Kräfte anzurufen oder zu bannen, mußt Du das Pentagramm des Elementes ziehen, welches dem Zeichen entspricht, und das Zeichen wie üblich in das Zentrum zeichnen wie folgt:

Feurig:

Anrufend für Aries

Wässrig:

bannend für Pisces

Immer, wenn Du ein Siegel zeichnest, mußt Du an der linken Seite des Siegels oder Symbols beginnen und es in Richtung des Sonnenlaufs zeichnen.

Wenn Du zodiakale Kräfte anrufst, mußt Du ein astrologisches Diagramm des Himmels für die Zeit der Arbeit anfertigen, damit Du weißt, in welche Richtung Du während der Arbeit schauen mußt. Denn ein Zodiakal-Zeichen kann während einer Tageszeit im Osten und während einer anderen im Westen sein.

Immer, wenn Du den Beginn irgendeiner magischen Arbeit vorbereitest, wird es ratsam sein, den Arbeitsplatz durch das kleinere bannende Pentagramm-Ritual zu reinigen und zu weihen. In manchen Fällen, speziell wenn Du mit den Kräften der Planeten arbeitest, kann es ratsam sein, auch das kleine bannende Hexagramm-Ritual durchzuführen.

Damit Du Dich möglichst vollständig auf die angerufene Schwingung einstellen kannst, ist jedem Winkel eine Kraft, eine Strömungsrichtung, eine Farbe und ein Klang zugeordnet, welche gemeinsam das Symbol bilden. Die zugeordneten hebräischen Namen (bzw. die Namen von den henochischen Tafeln, vgl. "Henochische Versionen") werden zusammen mit dem Ziehen des Pentagramms vibriert. Die Zuordnung der Winkel des Pentagramms ist der Schlüssel zu seinem Ritual.

Um die Kräfte der 4 Elemente aus den 4 Himmelsrichtungen zusammen anzurufen, beginne im Osten und zeichne das ausgleichende Pentagramm des Aktiven und das anrufende Pentagramm der Luft mit der Vibration der entsprechenden Namen. Dann ziehe mit der Spitze Deines Stabes den Kreis von Ost nach Süd, ziehe dort das ausgleichende Pentagramm des Aktiven und das anrufende Pentagramm des Feuers mit den entsprechenden Namen, dann ziehe im Westen das ausgleichende Pentagramm des Passiven und das anrufende Pentagramm für Wasser, im Norden das ausgleichene Pentagramm des Passiven und das anrufende Pentagramm der Erde und vervollständige den Kreis im Osten.

Bannen geschieht in der gleichen Art, nur mußt Du statt der anrufenden die bannenden Pentagramme ziehen. Du mußt immer alle angerufenen Kräfte wieder bannen, außer, Du wünschst eine Kraft für eine gewisse Zeit zurückzuhalten z.B. in einem Talisman. Dann darfst Du nicht bannen, denn sonst würdest Du ihn entladen.

Alle Anrufungen sollen mit dem kabbalistischen Kreuz eröffnet und beendet werden. In speziellen Fällen können auch andere Namen als die der Engel verwendet werden.

Alle Pentagramme auf einen Blick:

Anrufend   Bannend

Aktiv

Passiv

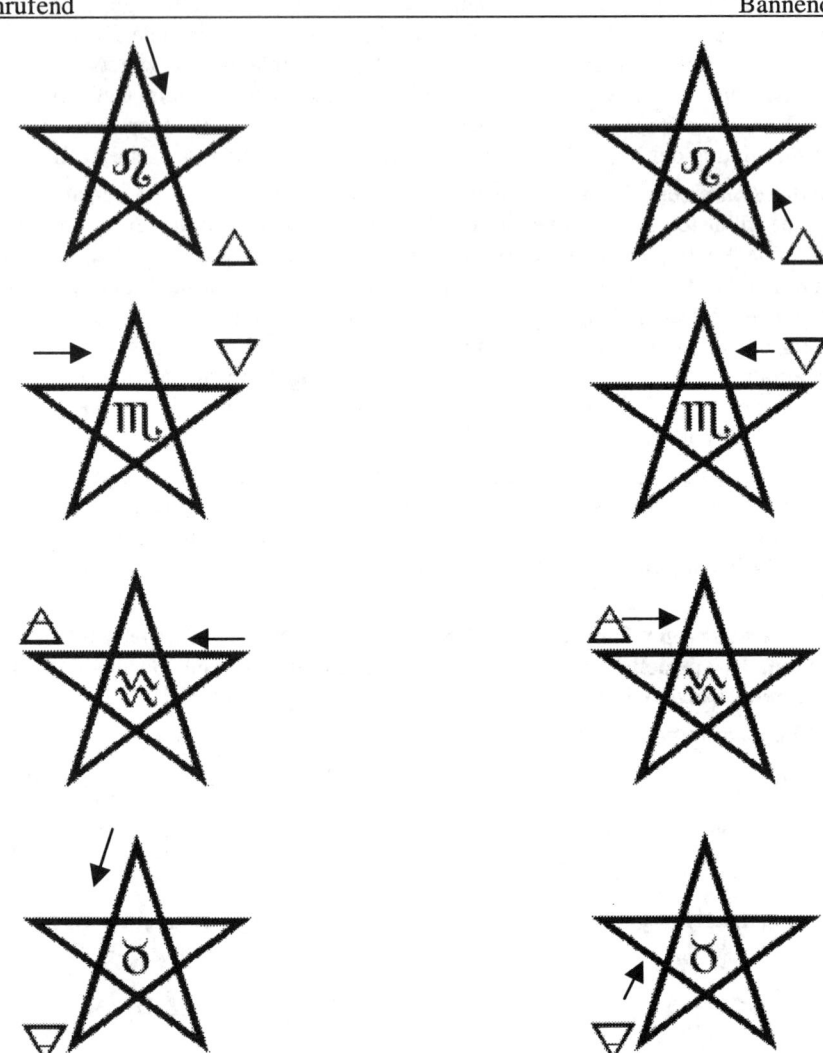

Lernhilfen

Du kannst das große PTR schneller lernen, wenn Du Dir folgende Systematik einprägst:

Die rechte Seite des PTRs verbindet die Hauptelemente Feuer und Wasser (beide ohne Querbalken in ihrem Dreiecks-Symbol).

Durch ihre Verbindung entsteht Wasserdampf - Luft. Aus all diesem geht Erde hervor. Luft und Erde als sekundäre Elemente werden durch die linke Seite verbunden.

Die aktiven Elemente (Dreiecke mit der Spitze nach oben) werden durch die eine diagonale Achse verbunden.

Die passiven Elemente (Dreiecke mit der Spitze nach unten) werden durch die andere diagonale Achse verbunden.

Regeln:

auf diesen beiden Linien bannst oder rufst Du das aktive oder passive Element Geist. Und zwar:

- ☆ Nach oben ziehen = anrufend
- ☆ nach unten ziehen = bannend
- ☆ Aktiv Geist = Achse Feuer-Luft
- ☆ Passiv Geist = Achse Wasser-Erde

Für die Elemente:

- ☆ Bannend = vom Element weg.
- ☆ Anrufend = zum Element hin.

Daraus ergeben sich für Erde und Feuer als anrufende/bannende Achsen diejenigen, welche diese Elemente mit der Geist-Spitze verbinden: anrufend von Geist zum jeweiligen Element, bannend umgekehrt.

Für Wasser und Luft gilt das gleiche: Bannend = vom Element weg, anrufend = zum Element hin, allerdings auf der waagerechten Achse des Pentagrammes.

Daraus ergibt sich, daß das anrufende PTR des einen Elementes das bannende des anderen ist, und umgekehrt. Das hängt damit zusammen, daß dies die beiden "mittleren" Elemente sind: sie stehen zwischen den beiden Extrempolen Feuer und Erde und ähneln sich daher am meisten.

Je nachdem, welchen Gottesnamen du benutzt, ist es das bannende Pentagramm des Wassers (Name = AL) oder das anrufende Pentagramm der Luft (Name = Jehova).

Zur Reihenfolge der Namen: Alle aktiven Elemente kommen zuerst. Vor dem Element kommt das aktive Geistpentagramm. Aktiv: EHIE - JEHOVA; EHIE - ELOHIM (Beachte auch: Alle Namen beginnen mit `E').

Danach folgen alle passiven Pentagramme. Vor jedem Element kommt das passive Geist-Pentagramm. Passiv: AGLA - AL; AGLA - ADONAI (Beachte: Alle Namen beginnen mit `A'.).

Verwechsle nie aktive/passive Pentagramme mit anrufenden/bannenden.

Es gibt das anrufende und bannende passive Geist-Pentagramm, und es gibt das anrufende und bannende aktive Geist-Pentagramm!

Die Zugrichtungen: Auch die Zugrichtungen haben ein System:

Zuerst werden die aktiven Elemente angerufen: begonnen wird unten rechts nach links oben (aktiv Geist), dann rechts oben nach links oben (Luft); dann wieder aktiv Geist, und zum Schluß von der Spitze nach rechts unten (Feuer). Alle aktiven anrufenden Pentagramme werden also von rechts oder von der Spitze aus gezogen.

Die Durchführung des Großen PTRs

Das Große PTR wird zunächst bannend geübt. Wenn dies sicher beherrscht wird, kann es anrufend verwendet werden.

Grobübersicht:
1. Kabbalistisches Kreuz
2. Kleines bannendes PTR
3. Kabbalistisches Kreuz
4. Großes bannendes PTR

5. Kabbalistisches Kreuz

Die Punkte 1-3 und 5 kennst Du bereits. Sie gehen dem großen PTR voran, werden jetzt aber nicht noch einmal beschrieben. Danach geht es wie folgt weiter:

1.   Blicke nach Osten. Mache das ausgleichende aktive Pentagramm des Geistes. Vibriere **EHIEH** beim Ziehen und beim Zeichnen des Rades.

Beende mit dem Zeichen des Schleiers. (s. Abb.)

2.   Mache das bannende Pentagramm der Luft. Vibriere beim Ziehen und beim Zeichnen des Wassermann-Zeichens **JEHOVAH**. Beende mit dem Zeichen der Sylphen (s. Abb.).

3.   Steche in das Pentagramm und ziehe nach Süden. Wiederhole Punkt 1.

4. Mache das bannende Pentagramm des Feuers. Vibriere beim Ziehen und beim Zeichnen des Löwen **ELOHIM**. Beende mit dem Zeichen der Salamander (s. Abb.).

5. Steche in das Pentagramm und wende Dich nach Westen. Mache das ausgleichende passive Pentagramm des Geistes. Vibriere beim Ziehen und beim Zeichnen des Rades **AGLA**. Beende mit dem Zeichen des Schleiers (schließend, s. Abb.).

6. Mache das bannende Pentagramm des Wassers. Vibriere beim Ziehen und beim Zeichnen des Adlers **AL**. Beende mit dem Zeichen der Undinen (Abb.).

7. Steche in das Pentagramm und wende Dich nach Norden. Wiederhole Punkt 5.

8. Mache das bannende Pentagramm der Erde. Vibriere beim Ziehen und beim Zeichnen des Stieres **ADONAI**. Beende mit dem Zeichen der Gnome (Abb.).
9. Vervollständige, indem Du Dich wie beim kl. PTR wieder nach Osten wendest.

Übe das Große bannende PTR am besten einmal am Tag. Vergleiche die Wirkungen mit denen des kleinen PTRs.
Wenn Du Dir sicher genug bist, mache Deine erste Anrufung.

Das Vibrieren der göttlichen Namen I

Im Kapitel zum Kleinen PTR wurde bereits einiges über das Vibrieren der Göttlichen Namen gesagt. Dieses Verfahren ist jedoch nur eine Vorform. Es folgt nun die Anweisung zum eigentlichen Vibrieren, dessen Wirkung wesentlich intensiver und damit eher dem Großen PTR angemessen ist. Sie sollte allerdings erst Verwendung finden, wenn die oben beschriebene Form zufriedenstellend beherrscht wird (dies gilt im übrigen für die gesamte Konzeption des Buches, wie ich ausdrücklich noch einmal wiederholen möchte).

Bei dem Vibrieren der göttlichen Namen erhebe Dich geistig zuerst so hoch wie möglich zu der Idee des göttlichen weißen Glanzes in Kether, konzentriere Dich ganz auf Deine höchsten Ziele. Empfinde feierlich, aber keinesfalls demütig.

Die normale Art des Vibrierens ist wie folgt: Atme tief und vollständig ein. Dann forme die Buchstaben des Namens in weiß in Deinem Herzen und fühle sie dort geschrieben stehen. Vergewissere Dich sorgfältig, daß die Buchstaben in weißem Licht strahlen.[10] Wenn Du dann den Atem hinausläßt, so vibriere dabei den Namen langsam Buchstabe für Buchstabe so, daß der Klang in Dir schwingt und vibriert. Und imaginiere, daß Dein Atem, während er den Körper verläßt, Dich so aufbläht, daß Du den Raum ausfüllst. Vibriere den Namen so, als wenn Du ihn durch das ganze Universum vibriert hättest und als wenn er nicht anhalten würde, bis er die fernsten Grenzen erreicht hat.

Die Henochische Variante

Zusätzlich zu den Hebräischen Namen kann man auch die Henochischen Gottesnamen beim Großen PTR vibrieren oder letztere allein verwenden. Sie sind, was die Elementen-Pentagramme betrifft, den jeweiligen Großen Kreuzen der Henochischen Elementtentafeln entnommen, und zwar der Linea Spiritus Sancti, die jeweils drei Namen enthält, für Geist werden die Namen der Tafel des Geistes verwendet (vgl. Die Henochischen Schlüssel der Magie und Studienhefte für Magie, Zeremonielle Magie, Band 7-9). Die hier gegebenen Namen sind bereits so angegeben, wie sie vibriert werden sollen. Die Namen selbst sind aus weniger Buchstaben zusammengesetzt, und wir folgen hier den Golden Dawn Anweisungen. Doch mit zunehmender Erfahrung sollte der Praktizierende andere Aussprachen - allerdings mit der nötigen Sorgfalt - versuchen, denn es gibt verschiedene Ansichten, wie die Namen gesprochen werden sollten.

Entweder man verwendet beim Ziehen der Pentagramme die Henochischen Namen und beim Ziehen der Symbole die Hebräischen oder man vibriert bei beidem nur Henochisch. Im Folgenden ist die erste Variante angegeben. Der variierte Ausschnitt des Großen PTRs (bannend) ist wie folgt.

---

[10]   Noch wirkungsvoller ist es, wenn die hebräischen oder gar Henochischen Buchstaben dazu verwendet werden. Vgl. hierzu einschlägige Kabbalah-Literatur, Die Henochischen Schlüssel der Magie, Kersken Verlag oder die Wissenslektionen in den Studienheften zur Magie - Zeremonielle Magie, Band 1 (für Hebräische Buchstaben) und Band 7 (für Henochische Buchstaben), Bohmeier Verlag.

1. Blicke nach Osten. Mache das ausgleichende aktive Pentagramm des Geistes. Vibriere **EXARP**, beim Ziehen. Vibriere **EHIEH** beim Zeichnen des Rades. Beende mit dem Zeichen des Schleiers.
2. Mache das bannende Pentagramm der Luft. Vibriere **ORO IBAH AOZPI** beim Ziehen und **JEHOVAH** beim Zeichnen des Wassermann-Zeichens. Beende mit dem Zeichen der Sylphen.
3. Steche in das Pentagramm und ziehe nach Süden. Wiederhole Punkt 1.
4. Mache das bannende Pentagramm des Feuers. Vibriere **OIP TEAA PEDOCE** beim Ziehen und **ELOHIM** beim Zeichnen des Löwen. Beende mit dem Zeichen der Salamander.
5. Steche in das Pentagramm und wende Dich nach Westen. Mache das ausgleichende passive Pentagramm des Geistes. Vibriere **HECOMA** beim Ziehen und **AGLA** beim Zeichnen des Rades. Beende mit dem Zeichen des Schleiers.
6. Mache das bannende Pentagramm des Wassers. Vibriere **EMPEH ARSEL GAIOL** beim Ziehen und AL beim Zeichnen des Adlers. Beende mit dem Zeichen der Undinen.
7. Steche in das Pentagramm und wende Dich nach Norden. Wiederhole Punkt 5.
8. Mache das bannende Pentagramm der Erde. Vibriere **EMOR DIAL HECTEGA** beim Ziehen und **ADONAI** beim Zeichnen des Stieres. Beende mit dem Zeichen der Gnome.
9. Vervollständige, indem Du Dich wie beim Kleinen PTR wieder nach Osten wendest.

Das Vibrieren der Göttlichen Namen II

Diese Art des Vibrierens eignet sich für die Verwendung Henochischer Namen ganz besonders und ist von durchschlagender Wirkung.

Atme tief durch die Nasenlöcher ein, während Du Dir den Namen des gewünschten Gottes als mit dem Atem eindringend vorstellst.

Lasse diesen Namen die Mittlere Säule entlang langsam von den Lungen zum Herzen niedersteigen, zum Solarplexus, zum Nabel, zu den Geschlechtsorganen und weiter zu den Füßen.

Im Augenblick, da er die Füße zu berühren scheint, stelle Dir zur gleichen Zeit den Namen donnernd durch den Körper hochrasend vor, während Du ihn zugleich mit der Luft, die bis dahin in den Lungen zurückgehalten worden ist, vibrierst. All dies muß mit all der Kraft, der Du fähig bist, getan werden.

Die Ausführung der Technik war dann korrekt, wenn schon das Vibrieren eines einzigen Namens die Kräfte des Praktizierenden total erschöpft. Starkes Schwitzen, Hitzewallungen durch den Körper oder Schwierigkeiten, stehen zu bleiben, können dabei als ganz normale Effekte auftreten.

Während des Vibrierens sollte das Bewußtsein von allem außer dem Namen abgeschlossen sein; und je länger es dauert, bis die gewöhnliche Wahrnehmung zurückkehrt, desto besser.

PENTAGRAMMRITUALE DER ELEMENTE

Du kennst bisher das Kleine und Große PTR. Das Kleine ist eher zum Reinigen unerwünschter Einflüsse, z.b. vor einer Anrufung gedacht. Das Große ruft oder bannt alle vier Elementarkräfte gleichzeitig.

Das Elementen-PTR ist aus dem Großen PTR entwickelt und dient zur speziellen Anrufung eines einzelnen Elementes. Ich werde die Regeln dieses PTRs allgemein darstellen und ein Beispiel für die Arbeit mit der Erde (und Luft) geben.

Die Durchführung

1. Das Elementen-PTR beginnt immer mit dem Kabbalistischen Kreuz und dem Kleinen bannenden PTR.
2. Dann wendest Du Dich in die Himmelsrichtung, die dem Element, das Du anrufen möchtest, zugeordnet ist. Dort beginnst Du mit dem Elementen-PTR.
3. Beginne mit dem Geist-Pentagramm, welches dem Element zugeordnet ist (also dem aktiven oder passiven) und mache das entsprechende Zeichen.
4. Danach ziehe das entsprechende Elementen-Pentagramm und mache das entsprechende Zeichen.
5. Wende Dich im Uhrzeigersinn weiter. Mache in jeder Himmelsrichtung das gleiche Elementen-Pentagramm, bis Du wieder am Ausgangspunkt bist.
6. Beende mit dem Kabbalistischen Kreuz.

Beispiel: Anrufung der Erde (und Luft)[11]

1. Kabbalistisches Kreuz und Kl. bannendes PTR.
2. Wende Dich nach **Norden** und ziehe das anrufende **passive Geistpentagramm**.

Die Namen, die dabei vibriert werden, sind entweder die Henochischen und Hebräischen beim Ziehen der Pentagramme oder nur die Henochischen, wie Du es bei der "Henochischen Variante" im Kapitel zum Großen PTR gelernt hast).

Mache das Zeichen des **Schließens** des Schleiers.

3. Ziehe im Norden das anrufende **Pentagramm der Erde** und gib das **Zeichen der Gnome**.
4. Drehe Dich nach Osten und wiederhole 3.
5. Dann weiter im Süden, dann im Westen wie 3.
6. Schließe im Norden den Kreis wie bei jedem PTR.
7. Beende mit Blickrichtung nach Osten mit den Kabbalistischen Kreuz.

---

[11] Die elementen-spezifischen Teile sind **fett** abgedruckt.

Wie bei jeder Anrufung, muß zum Ende der Aktion genau das gleiche wie das anrufende Ritual gemacht werden, jedoch mit den umgekehrten, bannenden Zugrichtungen der Pentagramme.

Die drei anderen Elementen-PTRs lassen sich aus dem gegebenen Beispiel und den allgemeinen Regeln zum Elementen-PTR ableiten.

Für diejenigen, die nicht sicher sind, ob sie das Prinzip verstanden haben, folgende Stichwörter zum **Luft-PTR**: Es beginnt in der der Luft zugeordneten Himmelsrichtung, also im **Osten**. Dort muß das anrufende **aktive** Geist-Pentagramm gezogen werden, da Luft ein aktives Element ist (Dreiecksspitze des Luft-Symbols zeigt nach oben). Dazu gehört das Zeichen des **Öffnens des Schleiers**. Es folgen von Osten im Uhrzeigersinn weiter die anrufenden Pentagramme der Luft, jeweils mit dem Zeichen der **Sylphen**.

Die Elementar-Waffen

Die Elementarwaffen entsprechen den 4 Elementen. Sie sollten in jedem Tempel/Ritualraum vorhanden sein, denn vollständig vorhanden, repräsentieren sie den Ausgleich der Elemente, also die Ausgewogenheit.

Die Waffen werden benutzt bei der entsprechenden Arbeit, die Du tust. Bei einer Feueranrufung benutzt Du den Stab, bei wässrigen Arbeiten den Kelch, für Luft den Dolch und für Erde das Pantakel zum Ziehen der Pentagramme und Zeichen.

Der Stab ist dem Element Feuer zugeordnet. Er symbolisiert durch seine zwei Enden den Begriff der Richtung. Feuer symbolisiert nicht geordnete Kraft, es ist eher die ungestüme Kraft einer Explosion. Sie muß durch den Stab "gebändigt", d.h., in eine Richtung ausgerichtet werden. Feuer symbolisiert also eine chaotische Kraft, die, richtig gelenkt, in eine beliebige Richtung ausgebreitet und zur Wirkung gebracht werden kann. Feuer ist der erste Impuls einer Sache, der Impuls, der einen Prozeß ins Rollen bringt. Aber dieses Feuer muß kontrolliert werden, damit es stetig bleibt und nicht die Richtung wechselt.

Der Kelch ist dem Element Wasser zugeordnet. Es ist der Gegenspieler des Feuers. Wasser hat reflektierende Eigenschaften und vermag das Feuer zu bremsen. Der Kelch symbolisiert die Aufnahmefähigkeit. Somit stellt Wasser auch das Prinzip dar, welches die Idee, den Impuls aufnimmt und ihm Form verleiht.

Der Dolch entspricht dem Ergebnis aus Feuer und Wasser: Luft. (Der Dolch wird im Feuer geschmiedet und im Wasser gehärtet). Er symbolisiert die Beweglichkeit der Gedanken, so wie Luft sich bewegt. Der Dolch hat zwei Schneiden. Diese Schneiden symbolisieren die Schärfe des Intellekts, der alle Phänomene immer von zwei Seiten betrachten kann. Der Dolch "zähmt" somit die Gedanken und gibt ihnen die nötige Schärfe und Ordnung. Deshalb zählt auch Luft zu den aktiven Elementen.

Das Pantakel ist dem Element Erde zugeordnet. Die Erde symbolisiert die Kristallisation, Materialisation, Verfestigung. Das Pantakel wird für alle Arbeiten dieser Zielsetzung benutzt.

Zur Anfertigung der Elementarwaffen

Anmerkung: Im Folgenden werden Herstellungsanleitungen zu den vier Elementarwaffen gegeben, die sich im Wesentlichen an die Anweisungen des Golden Dawn halten. In Henochischer Magie bewanderte mögen andere Siegel und Namen verwenden. Hier ist, da es sich um ganz persönliche Gegenstände handelt, die eigene Inspiration und Kreativität gefragt. Man sollte allerdings auch nicht übertreiben. Die traditionellen Formen haben sich bewährt und sollten nach meiner Erfahrung in ihren Grundzügen erhalten bleiben. Auf jeden Fall solltest Du nicht über das Ziel hinausschießen. Bedenke: diese Waffen sollen die Elemente beherrschen, nicht etwa planetare- oder übergeordnete Kräfte. Die Symbolik muß also den Elementen verschrieben bleiben!

Das Pantakel der Erde

Allgemeines: Das Pantakel wird aus einer runden Holzscheibe gefertigt. Holz ist das geeignete Material, da es der Erde natürlicherweise zugeordnet ist. Die Scheibe sollte etwa 12cm Durchmesser haben und ca. 1-2 cm dick sein. Auf beiden Seiten wird das gleiche gemalt:

Ein runder weißer Rand und ein weißes Hexagramm. Die von dem weißen Rand umsäumte Innenfläche wird durch 2 diagonale Striche in 4 gleiche Teile geteilt. Diese werden genauso bemalt wie die Sephirah Malkuth des Baumes des Lebens. In schwarz werden auf den weißen Rand Gottes- und Engelsnamen sowie deren Siegel aus dem Rosenkreuz. Sofern Du einen magischen Namen hast, sollte auch dieser hier niedergeschrieben werden.

Beide Seiten sollen genau gleich sein. Das heißt, das gelbe Viertel der einen Seite deckt sich genau mit dem der anderen Seite. Das Pantakel soll auch immer so gehalten werden, daß das gelbe Viertel noch oben zeigt.

Die Anfertigung - Das Holz: Nimm möglichst wertvolles Holz, aber auf keinen Fall Preßspan oder Spanplatte. Am besten ist es, wenn Du die runde Form durch Aussägen mit einer Stichsäge und Glattfeilen selbst erstellst. Wenn Du diese Möglichkeit aus technischen oder praktischen Möglichkeiten nicht hast, solltest Du wenigstens zu einem guten Tischlermeister gehen und ihn bitten, die Form zu schneiden. Das Holz solltest Du selbst aussuchen, und Du solltest auch beim Schneiden dabei sein. Wenigstens das Glätten mit Schmirgelpapier solltest Du selbst machen, denn je mehr Mühe und Schweiß Du in die Anfertigung der Waffen investierst, umso stärker ist deren Wirkung.

Die Maße: Oben wurden ungefähre Maße angegeben. Es ist aber immer sinnvoll, den Maßen mehr Bedeutung durch Zahlen zu geben, die der Natur des entsprechenden Gegenstandes entgegenkommen. Ich empfehle beispielhaft folgende Maße: Für die Dicke 2cm, um die 2, die Dualität der materiellen Welt zu symbolisieren. Als Durchmesser nimm 13cm, denn 13 symbolisiert in der Kabbalah die Einheit. Damit bestärkst Du die Verbundenheit der untersten Späre Malkuth mit Kether: wie oben so unten.

Wenn Du den weißen Rand ebenfalls 2cm dick machst, so ist dieser insgesamt 6cm stark. Das symbolisiert Tiphareth, den wahren Willen und das Zentrum.

Das Hexagramm solltest Du 1cm stark machen. Denn das Hexagramm ist ebenfalls ein Symbol der Einheit (das Zusammenwirken des Feuer- und des Wasserdreiecks).

Die Namen und Siegel: Die Namen sind folgende:

Gottesname: Adonai ha-Aretz: ADNI HARTz (Tz = Tsaddi)

Erzengel: Auriel: AVRIAL

Engel: Phorlak: PVRLAK

Beachte, dies sind mächtige Namen aus der Hebräischen Nomenklatur, sodaß die Namen auch in Hebräischen Buchstaben auf das Pantakel geschrieben werden sollten. Die Schreibweise ist im Hebräischen von rechts nach links.[12]

Schreibe die Namen parallel zum Kreis, also gehe mit der Rundung mit. Die Namen sollen von der Mitte aus lesbar sein, d. h. die Oberkante der Buchstaben zeigt nach außen. Die Anordnung auf dem Pantakel ist so:

Unter oder hinter die drei Namen der Wesenheiten zeichnest Du ihre Siegel des Rosenkreuzes.

Dazu ein kleiner Exkurs zur Anfertigung von Siegeln aus dem Rosenkreuz, das auch für die anderen drei Waffen gilt.

Wir nehmen als Beispiel hier natürlich Namen der Erde.

Die Anfertigung von Siegeln ist immer die gleiche. Man kann sie aus magischen Quadraten ziehen oder aus dem Rosenkreuz, das hier abgebildet ist.

Ein Siegel drückt immer den Namen der Wesenheit aus, zu dem das Siegel gehört.

---

[12] Vgl. hierzu: Wissenslektionen in den Studienheften zur Magie, Zeremonielle Magie, Bd. 1, Bohmeier Verlag. Wer mit Henochischen Namen arbeiten will, sollte diese in Henochischer Schreibweise aufbringen. Vgl. ebd., Band 7.

Dabei zeigt ein kleiner Kreis im Siegel den Anfang des Namens, ein kleiner Querstrich das Ende des Namens.

Nehmen wir zum Beispiel Phorlak, PURLAK.

Lege ein Blatt Papier über das Rosenkreuz und verbinde die einzelnen Blätter der Rose, die die entsprechenden Buchstaben des Namens enthalten, in der rechten Reihenfolge miteinander. Dort, wo das P ist, machst Du einen Kringel, und dort, wo das K ist, einen kleinen Querstrich. Dann ergibt sich folgende Figur, und fertig ist das Siegel:

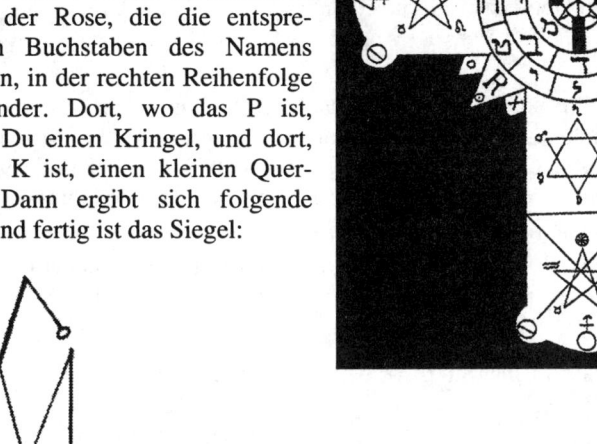

Verfahre jetzt genauso für Auriel und Adonai Ha-aretz. Beachte, daß letzterer Name aus zwei Wörtern besteht. Das Siegel hat also auch zwei Teile.

Du mußt jetzt folgende Figuren haben:

Auriel   Adonai Ha-aretz

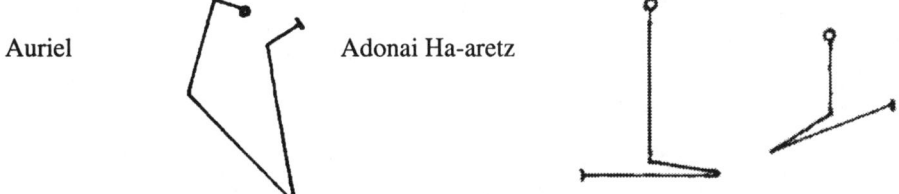

Diese Siegel malst Du entsprechend verkleinert, aber mit den richtigen Längen- und Winkelverhältnissen unter oder neben die entsprechenden Namen.

Nach der Fertigstellung wickle das Pantakel in schwarze Seide.

Der Dolch

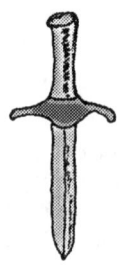

Allgemeines: Jeder handliche Dolch kann verwendet werden. Die Schneide soll zweischneidig sein, wegen des Symbolismus der Trennschärfe des Intellekts (= Luft, dem Dolch zugeordnet).

Der Griff, der Knauf und das Heft (Knauf = hinterer Teil, Heft = vorderer Teil des Griffes) sind in gelber Farbe zu bemalen. Darauf werden in violetter Farbe wieder die entsprechenden Namen mit Siegeln und evtl. Deinem magischen Namen geschrieben. Die Farbe der Beschriftung soll immer komplementär sein, hier also violett.

Die Anfertigung: Wir gehen nicht davon aus, daß Du den Dolch selbst schmieden möchtest. Es genügt, wenn Du zu einem guten Waffenhändler gehst und eine handliche zweischneidige Waffe kaufst. Das Stück soll gut verarbeitet sein, aber nicht zu verschnörkelt. Eher ganz schlicht (s. Abbildung).

Maße des Dolches: Die Länge des Dolches oder der Klinge sollte am besten durch 2 teilbar sein oder noch besser zwei gleiche Zahlen enthalten. Also am besten 22 cm lang (hier ist beides enthalten: durch 2 teilbar und 2 gleiche Zahlen).

Die Namen und Siegel - Die Namen sind folgende:

Gottesname: Shaddai El Chai, ShDI AL ChI (Sh=Schin, CH=Cheth)

Erzengel: Raphael, RPAL

Engel: Chassan, ChShN

Die Siegel stellst Du genauso her wie die der Erde.

Entwickle sie selbst und vergleiche dann mit den folgenden Abbildungen:

Shaddai El Chai   Chassan   Raphael

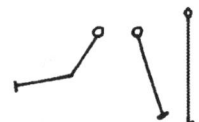

Anmerkung zum Bemalen: Achte darauf, aus welchem Material der Griff ist. Nehme dann die den entsprechenden Lack, der für diesen Untergrund geeignet ist. Wenn die gelbe Farbe drauf ist, dann versehe den Griff in violett mit den drei Namen und Siegeln auf der einen Seite und mit Deinem magischen Namen auf der anderen.

Wickle danach den Dolch wieder in schwarze Seide und lege ihn an die gleiche Stelle wie das Pantakel.

Der Kelch

Allgemeines: Jeder glatte, handliche gläserne Kelch kann benutzt werden. Auf die Schale des Kelches werden in leuchtend blauer Farbe 8 Blütenblätter, von leuchtendem Orange umrandet, gemalt. Die Namen werden in Orange auf die Blütenblätter gemalt.

Maße: Der Kelch entspricht dem Element Wasser, welches durch den Buchstaben Mem ausgedrückt wird. Mem hat den Zahlwert 40. Du solltest also sehen, daß Du die 40 irgendwie zum Ausdruck bringst. Denke diesmal selbst darüber nach, ob und wie Du das realisieren kannst. Denn nur nach Anweisungen zu arbeiten, ist garnicht so nützlich. Es ist besser, wenn Deine eigenen Gedanken in die Herstellung mit einfließen, und Gesetze über die Maße gibt es sowieso nicht.

Namen und Siegel - Die Namen sind folgende:

Gottesname: Elohim Tzabaoth, ALHIM TzBAVTh (Tz=Tsaddi, Th=Tau)

Erzengel: Gabriel, GBRIAL

Engel: Taliahad, TLIHD

Die Siegel sehen so aus:

Elohim Tzabaoth

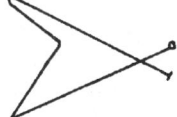

Hier lernst Du eine neue Regel zur Entwicklung von Siegeln:

Wenn zwei Buchstaben auf einer Linie liegen, dann wird dicht daneben eine parallele Linie gezeichnet, die am Ende durch eine Rundung verbunden wird.

Gabriel   Taliahad

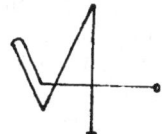   

Noch ein Tip zur Anfertigung: Mache die Blütenblätter etwas größer als in der Abbildung gezeigt. Male auf jedes zweite Blatt den Namen und das Siegel der drei Namen und evtl. Deinen magischen Namen.

Verwende Glasfarben. Beim Auftragen des Orange kommt es besser, wenn Du die Glasfarbe sehr dick aufträgst. Dadurch erhöht sich die Leuchtkraft erheblich.

Der Stab

Allgemeines: Der Schaft des Stabes ist aus Holz. Er ist rund und glatt und von unten bis oben hohl, sodaß ein magnetisierter Stalstab, der an beiden Enden etwa 2-3 mm aus dem Holz hervorschaut, Platz findet.

Maße: Der Stab sollte eine Länge von 40 cm nicht überschreiten. Etwa 25 cm ist die bequemste Länge. Dieses Maß ist auch zu empfehlen, den 25 ist eine sehr energetische Zahl, wie es dem Feuer entspricht (u.a. die quadrierte Zahl des Mars). Der Metallstab in der Mitte sollte nicht dicker als ca. 2-4 mm im Durchmesser sein.

Das benötigte Material und die Anfertigung Du besorgst Dir einen runden Stab aus gutem Holz. Diesen sägst Du auf die entsprechende Länge, die Du haben möchtest. Den zwiebelförmigen Aufsatz mußt Du natürlich bei der Berechnung der Länge des Stabes mit berücksichtigen.

Diese "Zwiebel" kannst Du Dir entweder ebenfalls aus Holz anfertigen (lassen) oder, und das wäre besser, wenn Du mit Holz nicht arbeiten kannst (willst), Du besorgst Dir Modelliermasse, die es in jedem größeren Bastelgeschäft gibt.

Forme die Zwiebel und setze sie dann, wenn die Formmasse noch weich ist, auf den Stab. Dadurch wird die Zwiebel optimal dem Stab angepaßt. Wenn dann die Masse getrocknet ist, so klebe sie mit einem guten Zwei-Komponenten-Kleber fest auf den Stab und lasse alles trocknen.

Jetzt kommt der kniffligere Teil. Besorge Dir einen rostfreien Stahlstab. (Wahrscheinlich wirst Du ein wenig herumtelefonieren müssen). Schneide ihn auf die entsprechende Länge, also etwa 4-6mm länger als der gesamte Stab. Messe den Durchmesser des Stabes.

Mit dem Holzstab gehst Du zu einem guten Drechsler und überredest ihn (notfalls durch ein kleines Trinkgeld) Dir vorsichtig und genau im Zentrum des Stabes eine Röhre zu drechseln, die genau dem Durchmesser des Metallstabes entspricht. Du bedankst Dich, und wenn Du zu Hause angekommen bist, schlägst Du vorsichtig den Metallstab von der Zwiebel aus durch den Holzstab, und zwar so, daß der Metallstab an beiden Enden mit der gleichen Länge hervorschaut.

Der Stab wird dann in scharlachrot angemalt. Der Holzstab wird durch aufgemalte gelbe Bänder in drei gleiche Teile geteilt. Die Zwiebel erhält ebenfalls in Gelb drei Jod-förmige Flammenzungen.

In smaragdgrün werden dann wieder die Namen und Siegel aufgemalt. Jeder Name mit seinem Siegel in einem Drittel des Stabes, alle auf der gleichen Seite. Im mittleren Drittel auf der gegenüberliegenden Seite kommt evtl. Dein magischer Name. Danach wird alles noch einmal lackiert.

Zum Schluß schließt Du die beiden Enden des Stalstabes an eine Autobatterie oder ein Ladegerät an, bis er magnetisiert ist. Verwahre ihn dann genauso wie die anderen Waffen.

Die Namen und Siegel - Die Namen sind folgende:

Gottesname: Jehovah Tzabaotrh, IHVI TzBAVTh

Erzengel: Michael, MIKAL

Engel: Aral, ARAL

Die Siegel:

Jehova Tzabaoth

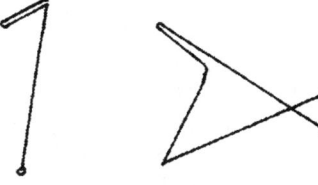

Michael    Aral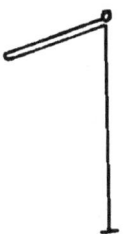

Wer nach der Anfertigung seine Waffen weihen möchte, der kann dies nach eigenen oder Ritualen des Golden Dawn tun. Vgl. auch Studienhefte Magie, Zeremonielle Magie, Bd. 7 und 8, Bohmeier Verlag.

PROGRESSIVE VARIANTEN

Die bisher gegebenen Arbeitsanweisungen entsprachen im Wesentlichen den traditionellen Lehren westlicher Magieschulen.

Inzwischen haben sich aber zu bestimmten Abschnitten der Pentagrammrituale neuere Formen etabliert, die sich in der Praxis bewährt haben. In diesem Kapitel sollen sie exemplarisch behandelt werden.

Die Mittlere Säule

Für umfangreichere Arbeiten, an denen PTRs beteiligt sind, hat sich zur Aufladung mit Energie eine sehr gute Ergänzung zum Kabbalistischen Kreuz etabliert: die Mittlere Säule. Diese Übung ist teilweise aus den Anweisungen des Golden Dawn bekannt, wird hier aber wesentlich ausgebaut.

Da die gesamte Durchführung recht komplex ist, wird sie im Folgenden in kleinen Einzelschritten dargestellt, die der Studierende sich durch regelmäßiges Üben aneignen soll.

Mittlere Säule 1

1. Siehe nach Westen - du selbst bist im Osten das aufgehende Licht.
2. Mache das kabbalistische Kreuz.
3. Die schwarze Säule der Stärke steht zu Deiner rechten, die weiße Säule der Gnade zu Deiner linken.
4. Stelle Dir Deinen Körper als den Baum des Lebens vor. Kether schwebt leicht über Deinem Kopf, die Füße stehen auf Malkuth, Binah ist zu Deiner Rechten, Chokmah zur Linken. Du bist in dem Baum und Teil des Baumes.
5. Kether schwebt über der Spitze Deines Kopfes, ca. 1/2m im Durchmesser, als eine wirbelnde Kugel aus weißem, glänzendem und sehr intensiv strahlendem Licht. Du kannst diese Kugel ganz konkret fühlen, sie ist tatsächlich da.
6. Atme tief ein und imaginiere einen Strahl weißen Lichtes, welcher aus Kether herauskommt und durch den Kopf zu Daath - im Nacken - führt. Daath dehnt sich aus zu einer leuchtenden, schillernden, kreisrunden Kugel.
7. Führe von Daath einen Strahl nach Tiphareth - in die Gegend des Solarplexus - wie unter 6 beschrieben.
8. Führe den Strahl von Tiphareth nach Yesod - am untersten Ende des Rückgrats - wie unter 6 beschrieben.
9. Führe den Strahl von Yesod nach Malkuth - unter den Füßen. Du stehst darauf, wie unter 6 beschrieben.

10. Diese Übung muß solange durchgeführt werden, bis sie vollkommen beherrscht wird, d.h. bis Du die Sphären und Strahlen genau und intensiv siehst und fühlst.

11. Zum Abschluß mache das Kabbalistische Kreuz, um zu bestätigen, daß das Licht von Kether herabgerufen wurde und sich in Deiner Aura plaziert hat.

12. Dann sieh Deine Aura klar und von ovaler Form in dem Licht von Tiphareth strahlen, leuchten und pulsieren.

Mittlere Säule 2

1. Wenn der verbindende Lichtstrahl die sephirotische Sphäre erreicht, vibriere den entsprechenden Gottesnamen.

2. Die Namen sind:

Kether: EHIEH

Daath: YEHOVA ELOHIM

Tiphareth: YEHOVA ELOAH VA-DAAT

Yesod: SHADDAI EL CHAI

Malkuth: ADONAI MELEKH

3. Übe das Vibrieren der Gottesnamen zuerst getrennt von der Übung. Zuerst wird tief eingeatmet. Beim Ausatmen wird der Name Buchstabe für Buchstabe langsam vibrierend ausgesprochen, so daß er den ganzen Körper und den ganzen Raum erfüllt bzw. mitvibrieren läßt. Der Name muß nicht laut vibriert werden. Es kann genausogut geistig geschehen. Übe das Vibrieren der Gottesnamen solange getrennt, bis Du es einwandfrei meisterst. Erst dann führe sie zusammen mit der unter 1 beschriebenen Übung durch. Das Vibrieren der Gottesnamen verstärkt die Kraft der Übung wesentlich.

Mittlere Säule 3

Mache die Säule so wie unter 2 beschrieben. Wenn Du bei Malkuth angekommen bist, mache folgendes:

Stelle Dich in die Form des Osiris, das heißt, die Arme liegen über Kreuz an der Brust. (s. Abb.)

Jetzt imaginiere, daß Du Dich wie eine Mumie von unten einwickelst. Spüre und sehe mit dem inneren Auge, wie ein weißes Band von Deinen Füßen im Uhrzeigersinn sich um Deinen Körper wickelt wie eine Bandage. Wickle Dich vollkommen ein und achte darauf, wie Du Dich dabei fühlst. Verharre in dieser Position etwa 5 Min. und wickle es dann wieder vollständig ab.

Achtung: Die Wicklung muß gleichmäßig sein und darf keine

Lücken haben.

Wickle von oben gesehen:

Einwickeln  Abwickeln

Danach mache das Kabbalistische Kreuz und Aura wie gehabt.

Mittlere Säule 4

Mache die Übung so wie unter 3 beschrieben, aber imaginiere, wenn Du Dich eingewickelt hast, folgenden Energiefluß:

Die Energie fließt spiralförmig von unten die gewickelten Bänder entlang. Wenn sie oben angekommen ist, fließt sie durch die mittlere Säule durch Deinen Körper hindurch bis nach Malkuth. Von dort beginnt das ganze von vorne.

Beginne erst langsam und der Reihe nach. Dann werde, wenn Du kannst, schneller.

Wenn Du die Bewegung schnell beherrschst, dann stelle Dir das Ganze als Energiefluß vor. D.h. Spirale nach oben und durch die Mittlere Säule nach unten gleichzeitig.

Danach wickle wieder ab und schließe wie gehabt.

Mittlere Säule 5

Mache die mittlere Säule so, wie du es bisher gelernt hast. Stelle Dir aber die Sephiroth in den richtigen Farben vor, leuchtend und strahlend.

Kether: Weiß

Daath: Grau

Tiphareth: Gold

Yesod: Violett

Malkuth: Schwarz, rotbraun, zitronengelb, olivgrün

Je mehr wir den Baum so imaginieren, wie er wirklich aussieht, desto kräftiger wird der Energiefluß.

Mittlere Säule 6

Mittlere Säule wie letzte Woche. Jetzt imaginiere auch die Pfade der mittleren Säule in den entsprechenden Farben. Also: von Kether bis Daath und von Daath bis

Tiphareth und von Tiphareth bis Yesod blau. Von Yesod bis Malkuth indigo (sehr dunkles Blau). Mumie wie gehabt.

Mittlere Säule 7

Wir nehmen jetzt zur Mittleren Säule den vierfältigen Atem dazu.

Der Atem wird unterteilt in:

1. Einatmen
2. Luft anhalten
3. Ausatmen
4. Luft anhalten

Alle vier Teile sollen gleich lang sein.

Probiere verschiedene Intervalle aus. Nehme dazu den Intervall, der Dir bei keiner Phase größere Probleme bereitet.

Mit dem vierfältigen Atem läßt man Gottesnamen in seinem Körper vibrieren und kreisen. Und zwar so:

Atme also zuerst tief ein. Fühle dabei, wie der Name in Deinem Brustkorb schwingt und versuche ihn auch zu hören. Du solltest nach Möglichkeit auch die Buchstaben leuchten sehen.

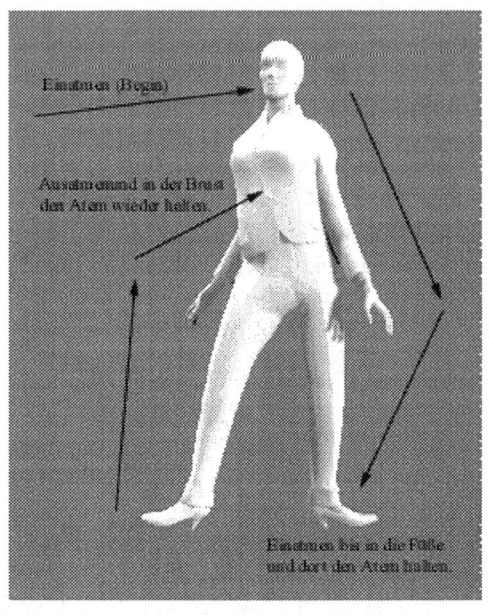

Einatmen (Begin)

Ausatmenund in der Brust den Atem wieder halten.

Einatmen bis in die Füße und dort den Atem halten.

Dann atmest Du im Rhythmus des vierfältigen Atems aus. Dabei fließt der Name durch die linke Körperhälfte und durch das linke Bein in die Füße.

Du hältst jetzt ausgeatmet die Luft an. Dabei schwingt der Name in beiden Füßen.

Beim Einatmen fließt er dann auf der rechten Körperseite wieder zurück bis zum Brustkorb, wo Du wieder die Luft eingeatmet anhältst usw.

Du kannst für die verschiedensten Zwecke (Ladung von magischen Gegenständen, Talismanen, Tattwas etc.) die Gottesnamen der Sephiroth verwenden. Für den Fall, daß die Mittlere Säule in ein PTR eingebaut werden soll, wird allerdings nur der Name von Malkuth (für Evokationen und andere Operationen auf der materiellen Ebene) oder Yesod (für astrale Arbeiten) verwendet.

Kether: Ehieh

Chokmah: Yah

Binah: Yhvh Elohim

52

Chesed: El

Geburah: Elohim Gibor

Tiphareth: Yhvh Eloah Vedaath

Netzach: Yhvh Zabaoth

Hod: Elohim Tzabaoth

Yesod: Schaddei El Chai

Malkuth: Adonai ha-Aretz

Wenn Du die mittlere Säule bis zur Mumie gemacht hast, dann lasse diesen Namen so kreisen, wie beim vierfältigen Atem beschrieben. Insgesamt mache 3 Zyklen. Atme dann kräftig aus und stelle Dir dabei vor, daß der Name mit Deinem Atem den Körper verläßt und den Raum anfüllt.

Eine neue Mittlere Säule

Der folgende Text ist ein Auszug aus meinem Aufsatz "Die Mittlere Säule der Vier Welten" aus meinen Aufsätzen zur Magie, Bd. 3 (Bohmeier Verlag), in dem ich ein neuartiges Konzept vorstelle, die Vier Welten der Kabbalah in dieser Praktik zu berücksichtigen und damit auch bereisen zu können. Im Anschluß an die Begründung der neuen Praxis gebe ich den Ausschnitt zur Mittleren Säule von Assiah/Malkuth wieder, der zum Einbau in PTRs geeignet ist.

Die herkömmliche Mittlere Säule etabliert den Baum des Lebens in die Aura oder Energiestruktur des Praktizierenden. Der Baum ist ein Abbild des Universums und - wie oben, so unten - des Mikrokosmos, des Mikroprosopus, des Menschen mit seinen Kraftzentren oder Chakren. Mit der schrittweisen Projektion des Baumes in die Aura (die jeweiligen Aktivierungen der Chakren) werden die Chakren nicht nur energetisiert, sondern auch miteinander verbunden (durch die Pfade), wodurch erst eine ausgeglichene, komplexe Energiestruktur entsteht. Durch die abschließende "Mumie" wird die eher statische Energiestruktur[13] in Wallung gebracht, bis sie, nicht unähnlich einem Magneten, Energie von außerhalb anzieht. (Wer den Energiefluß der Mumie konzentriert und länger als etwa zwanzig Minuten praktiziert, wird entweder bewußt abbrechen, weil er fürchtet zu explodieren, oder seine Beine versagen den Dienst, weil sie der fließenden Energie nicht mehr standhalten können).

Der ganze Energetisierungsprozeß ist aber sehr unsauber und undifferenziert, weswegen er für speziellere Arbeiten nur wenig geeignet ist. Das liegt ganz einfach

---

[13] Selbstverständlich finden innerhalb der Aura, also zwischen den Sephiroth bzw. Chakren Austauschprozesse statt. Der Ausdruck "statisch" bezieht sich denn auch nicht auf Prozesse innerhalb der Aura, sondern auf den Eindruck, den ein Beobachter von außen von dieser Aura hat.

daran, daß die Mittlere Säule, wie sie vom Golden Dawn gelehrt wurde, mit einer Kombination von Sephiroth- und Pfadfarben arbeitet, die nicht den natürlichen Bäumen der Vier Welten entspricht. Der Lebensbaum des Golden Dawn besteht aus Sephiroth mit den Farben der Königinnenskala (da statisch, passiv) und Pfaden mit den Farben der Königsskala (da dynamisch, aktiv), die eigentlich den Welten Briah bzw. Atziluth zugeordnet werden. Er stellt sozusagen eine Mischform, die Quintessenz aller vier Bäume dar. Die mit seiner Hilfe erreichte Energetisierung kann mit einem diffusen Licht verglichen werden, das mit einem Laserstrahl, der gebündelt, gerichtet und energetisch hochspezifisch ist, kaum verglichen werden kann.

Doch genau dort wollen wir hin. Waren die Lehrer des Golden Dawn Meister der Einfachheit bzw. der Komplexitätsreduktion, so sind die erfahrenen Anwender modernerer Magieformen Meister des Chaos, der Komplexisierung und damit auch Spezialisierung. Die Kabbalisten betrachten das gesamte Universum aus vier verschiedenen Welten bestehend. Die materielle Welt, in der wir uns befinden, wird "Assiah" genannt. Es folgen die Welten der Engel, Erzengel und Götter, Yetzirah, Briah und Atziluth, die ebenfalls alle als Baum des Lebens dargestellt werden können, sowie die (Unter-) Welt der Qliphoth, für die das Gleiche gilt.

All diese Welten (oder Universen) kann man sich der Einfachheit halber als aneinander gekettet vorstellen[14], und zwar so, daß sich Kether der unteren Welt und Malkuth der darüber liegenden Welt überlagern. So geht beispielsweise Kether von Malkuth (also das von uns benutzte Kether in der Mittleren Säule), ähnlich wie bei einer Sanduhr, in Malkuth von Yetzirah über.

Die jeweiligen Bäume der Vier Welten unterscheiden sich nicht in ihrer basalen Makrostruktur, was die Lage der Sephiroth und

---

14 Es gibt allerdings auch eine räumliche Darstellung der Zusammenhänge. Vgl. Die geheimen Unterweisungen und Rituale des Golden Dawn, Bd. 1 und 2, Kersken Verlag, Bergen/D.

Pfade betrifft, wohl aber in der Beschaffenheit der einzelnen Bestandteile. Diese wird mit unterschiedlichen Farben der Sephiroth und Pfade ausgedrückt.[15] Dies führt uns direkt zur "Mittleren Säule der Vier Welten". Da wir bei der traditionellen Mittleren Säule die Farben aus zwei verschiedenen Welten benutzten, erreichten wir nur eine allgemeine Energetisierung, mit der es nicht möglich war, uns auf bestimmte Ebenen einzupolen oder einzuschwingen. Demzufolge sind auch Aufladungen bestimmter Objekte mit Gottesnamen in der Praxis des Vierfältigen Atems nur unzureichend wirksam. Denn diese Objekte gehören Assiah an, während unser Baum in den traditionellen Farben zwischen Atziluth und Briah oszilliert. Für die Arbeit auf anderen Ebenen sind diese Energien aber völlig unbrauchbar, weil sie dort keine Entsprechungen haben. Nur dort, wo Luft ist, kann man mit Schall arbeiten. Im Vakuum hätten die Trompeten von Jericho kläglich versagt.

Es folgt nun die Anleitung für die neue Mittlere Säule für den Einbau in PTRs.

Die auszuführenden Punkte sind in Fettschrift abgedruckt. Eventuelle Anmerkungen zu den einzelnen Punkten werden in Kursivschrift wiedergegeben.

1. Mache die mittlere Säule in Assiah in folgenden Einzelschritten:

1a. Stelle Dir Deinen Körper als den Baum des Lebens vor. Kether schwebt leicht über Deinem Kopf, die Füße stehen auf Malkuth, Binah ist zu Deiner Rechten, Chokmah zur Linken. Du bist in dem Baum und Teil des Baumes. Kether schwebt über der Spitze Deines Kopfes, ca. 1/2m im Durchmesser, als eine wirbelnde Kugel aus weißem, glänzendem und sehr intensiv strahlendem Licht. Du kannst diese Kugel ganz konkret fühlen, sie ist tatsächlich da.

1b. Während Du den Gottesnamen für Kether vibrierst, beginnt die Sephira zu pulsieren. Gleichzeitig wird ihr weißes Strahlen von herrlichen, goldenen Flecken gekrönt.

1c. Atme tief ein und imaginiere einen Strahl weißen Lichtes, welcher aus Kether herauskommt und durch den Kopf zu Daath - im Nacken - führt. Daath dehnt sich aus zu einer leuchtenden, schillernden, kreisrunden Kugel. Wenn der verbindende Lichtstrahl die sephirotische Sphäre erreicht, atme aus und vibriere dabei den entsprechenden Gottesnamen von Daath. Durch diese Schwingung beginnt Daath zu pulsieren und nimmt ein schimmerndes Grau mit zartroten Flecken an.

1d. Atme tief ein und imaginiere einen Strahl weißen Lichtes, welcher aus Daath herauskommt und durch die Wirbelsäule nach Tiphareth - in die Gegend des Solarplexus - führt. Wenn der verbindende Lichtstrahl die sephirotische Sphäre erreicht, atme aus und vibriere dabei den entsprechenden Got-

---

[15] Eine sehr vereinfachte, aber dennoch brauchbare Analogie dazu ist, daß beim Pentagramm der zu vibrierende Name darüber entscheidet, ob Luft angerufen oder Wasser gebannt wird und umgekehrt.

tesnamen von Tiphareth. Durch diese Schwingung beginnt Tiphareth zu pulsieren und nimmt eine leuchtende Bernsteinfarbe an.

1e. Atme tief ein und imaginiere einen Strahl weißen Lichtes, welcher aus Tiphareth herauskommt und durch die Wirbelsäule nach Yesod - in die Gegend der Geschlechtsorgane - führt. Wenn der verbindende Lichtstrahl die sephirotische Sphäre erreicht, atme aus und vibriere dabei den entsprechenden Gottesnamen von Yesod. Durch diese Schwingung beginnt Yesod zu pulsieren und nimmt ein azurfarben geflecktes Zitron an.

1f. Atme tief ein und imaginiere einen Strahl weißen Lichtes, welcher aus Yesod herauskommt und nach Malkuth - unter Deinen Füßen - führt. Wenn der verbindende Lichtstrahl die sephirotische Sphäre erreicht, atme aus und vibriere dabei den entsprechenden Gottesnamen von Malkuth. Durch diese Schwingung beginnt Malkuth zu pulsieren und nimmt eine abgrundtief schwarze Farbe mit beißend gelben Streifen an, die sich spiralförmig um Malkuth winden.

1g. In dem Moment, wo das Licht der mittleren Säule Malkuth erreicht hat und du ihren Namen vibriert hast, stehst du in einem blitzenden Baum; der ganze Baum erstrahlt in seinen Farben der Pfade und Sephiroth, die beiden äußeren Säulen sind in den Farben ihrer Sephiroth wenigstens durch weißes Licht verbunden.

Am besten, aber auch sehr schwierig ist es, alle Pfade mit den entsprechenden Farben zu imaginieren. Wer sich hierzu berufen fühlt, der schlage sie im Liber 777 nach, Tafel I-XVIII. Die Farben der Mittleren Säule sind:

> von Kether bis Tiphareth: Silber mit himmelblauen Streifen, spiralig gewunden
> von Tiphareth bis Yesod: Weiß mit einem Hauch von Purpur
> von Yesod bis Malkuth: Schwarz mit spiraligen blauen Streifen

Die Farben der äußeren Sephiroth sind:

> Chokmah: Weiß, mit roten, blauen und gelben Flecken
> Binah: wie Daath
> Chesed: gelb geflecktes, dunkles Azur
> Geburah: sattes Rot mit schwarzen Punkten
> Netsach: leuchtendes Oliv mit goldenen Flecken
> Hod: gelbliches Braun mit weißen Flecken

2. Baue die "Mumie" auf.

Auf die Wickelrichtung achten: hier, in Assiah, im Uhrzeigersinn, von unten nach oben.

3. Aktiviere die Mumie, indem du einen rasenden Energiekreislauf (erst langsam, dann immer schneller werdend) von Malkuth entlang den Wicklungen bis Kether und von dort durch die Mittlere Säule hinab zu Malkuth usw. in Gang setzt.

Wenn Du dies eine zeitlang konzentriert durchführst, spürst du bald eine intensive Aufladung, die sich durch Wärme, Prickeln, Zittern o.Ä. bemerkbar macht. Beenden der Übung wie gehabt.

Das "Henochische Kreuz"

Der Text zum Kabbalistischen Kreuz ist zwar hebräisch, entspricht jedoch in seiner deutschen Übersetzung dem Schluß des christlichen Vaterunsers. Wer dies nicht zu trennen vermag, der sollte es einmal mit dieser henochischen Variante versuchen.

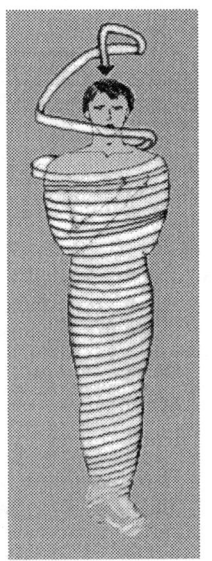

Sie arbeitet mit den henochischen Wörtern für die den Sephiroth Kether, Malkuth, Chesed und Geburah (welche in dem Kreuz miteinander verbunden werden) zugeschriebenen Eigenschaften sowie mit einem den Henochischen Schlüsseln entnommenen Schlußwort. Der Text lautet:

Mamao (Krone; Kether; Stirn berühren)

Coasagi (Erde; Malkuth; zum Solarplexus ziehen)

Lonusahe (Kraft; Chesed; zur linken Schulter/rechte Säule)

Turebesa (Schönheit; Geburah; zur rechten Schulter/linke Säule)

Zorege (Seid freundlich zu mir), **Lape Ziredo** (denn ich bin) **Hoatahe** (der wahre Verehrer) **Iaida** (des Höchsten).

Das Unikursale Hexagramm

An die Stelle des alten Hexagramms, das man sich am Ende des kleinen PTRs in der Säule stehend vorstellt, kann man auch das Unikursale Hexagramm verwenden.

Es erscheint mir neuäonischer, weil es, ebenso wie die Pentagramme, in einem Zug durchgezogen werden kann und so die Trennung von aktiv und passiv aufhebt.[16]

---

[16] Vgl. zu seiner Symbolik meine Aufsätze zur Magie, Band 2: Magie des Horus II, Bohmeier Verlag. Im übrigen arbeite ich gerade an einem Planetensymbol, das auch die neu entdeckten Planeten angemessen berücksichtigt und welches das Unikursale Hexagramm ablösen soll. Voraussichtliche Veröffentlichung in den Aufsätzen zur Magie, Band 5 oder 6.

PTRS IN DER PRAKTISCHEN ARBEIT

Das Wesentliche zu allen Formen und Varianten der PTRs ist gesagt worden. Zum Abschluß sollen noch einige Beispiele dafür gegeben werden, wie die Pentagrammrituale in die praktische magische Arbeit eingebunden werden. Sie sind den Kursen "Studienhefte für Magie, Zeremonielle Magie" (Bohmeier Verlag) entnommen. Hier kann es allerdings nicht darum gehen, die hier geschilderten Praktiken näher zu erläutern.

Eine Tempel-Weihe

Die Anordnung: Altar im Osten: 2 Kerzen, weiß, das Liber AL vel Legis (Buch des Gesetzes).

Kubus-Altar im Zentrum des magischen Kreises: die 4 Elementenwaffen - in den ihnen entsprechenden Himmelsrichtungen liegend, eine Kerze, schwarz, ein tragbares Weihrauchgefäß mit Olibanum, ein Kelch mit Wasser.

Die Einleitung: Ich betrete den Tempel in meiner Robe und zünde die beiden Kerzen im Osten an.

Ich setze mich vor dem Altar nieder und meditiere über das Buch des Gesetzes.

"So wie diese beiden Lichter brennen, gleichmäßig und stetig, werde ich zu Nuith und Hadit streben."

Ich entzünde den Weihrauch.

"Und so wie der Weihrauch den Raum erfüllt, möge mein inneres Selbst, Tiphareth zugeordnet, meinen Geist erfüllen und mich leiten."

Harpokrat.

Kommentar: Der Osten symbolisiert das aufgehende Licht. Die beiden Kerzen symbolisieren die beiden Götter des neuen Äons, (vgl. Buch des Gesetzes) die für den Ausgleich der Gegensätze stehen. Der Weihrauch Olibanum ist Tiphareth zugeordnet, dem innersten Selbst. Harpokrat steht für das innerste Selbst, das noch nicht erkannt oder erweckt ist. Somit ist die gesamte Eröffnung dazu gedacht, das Ziel meiner Arbeit zu verkünden, nämlich das Streben zu den höchsten Göttern des Neuen Äons und der Selbsterkennt-nis. Harpokrat symbolisiert nicht nur das innerste selbst sondern ist auch eine Bekräftigung: einmal wird der Wunsch formuliert, dann wird geschwiegen, d. h. gehandelt.

Jetzt wird die schwarze Kerze auf dem Kubus entzündet.

"Ich bin die Flamme, die in jedem Menschenherzen brennt."

Dies ist ein Satz von Hadit, dem innersten Selbst. Noch einmal eine Bestätigung für meine Arbeit. Die Kerze ist schwarz, weil das Selbst noch nicht erkannt ist.

Reinigung: Nehme den Kelch mit Wasser, sprenkle 3x im Osten und gehe dann genauso im Uhrzeigersinn weiter. Danach das gleiche mit dem Weihrauchgefäß, das dreimal in die Himmelsrichtungen geschwenkt wird.

"Durch Feuer und Wasser bist Du gereinigt worden, weil ich mich durch Feuer und Wasser gereinigt habe."

Ich spüre bei der Reinigung auch die Selbstreinigung intensiv. Um diese Meditation nicht zu stören, sage ich den entsprechenden Satz erst, wenn ich beendet habe. Zirkulation wie bereits beschrieben.

Anrufung: Mittlere Säule, um mich zu energetisieren.

Kleines bannendes PTR und HXR

Mittlere Säule mit Energetisierung der Banner. Zuerst das Ostbanner mit Kether, dann das Westbanner. Danach Tiphareth usw. Um die Aktivierung zu bestätigen, gehe ich zum Ostbanner, tippe den Finger in das Zentrum und wandere mit dem Finger im Uhrzeigersinn an der wand entlang bis zum Zentrum des Westbanners. Ich gehe wieder zum Ostbanner und mache das gleiche im Gegenzeigersinn. Dann weiter mit erhobenem Arm für die Decke und gesenktem Arm für den Boden.

Damit zeige ich an, daß Energie von Osten nach Westen fließt, und zwar so, daß diese an den Begrenzungen des Tempels entlangfließt und somit auch den Raum vor unerwünschten Einflüssen abschirmt.

Jetzt folgt die Anrufung der Elemente mit dem großen PTR

Die bisher verhüllten Elementenwaffen werden aufgedeckt. Ich wende mich in jede Himmelsrichtung und bitte die Engel und Erzengel der entsprechenden Elemente, ihre Kraft, symbolisiert durch die Elementenwaffen, in den Tempel zu geben. Ich vibriere ihre Namen und zeichne in die entsprechende Himmelsrichtung ihr Siegel von der Rose.

Danach wird wieder gebannt, die Elementarwaffen wieder verhüllt.

Ich mache noch einmal den Horus in Richtung Osten und sage:

"Dieser Tempel ist ordnungsgemäß geweiht worden. Er wird mir als Universum dienen, in welchem ich mich vervollkommnen und selbsterkennen werde."

Harpokrat.

Verlassen des Tempels.

Weihe der Elementarwaffen

Folgende Elemente sollten in dem Weihe-Ritual enthalten sein:
1.   Kleines bannendes PTR
2.   Reinigung mit Wasser und Feuer
3.   Zirkulation mit Horus und Harpokrat

4. Anrufung des entsprechenden Elementes mit dem großen Henochischen Pentagrammritual
5. Ein anrufendes Pentagramm des entsprechenden Elementes über der aufgedeckten Waffe gezogen
6. Anrufung der auf der Waffe verzeichneten Wesenheiten (Gottes- und Engelsnamen), während des Anrufens die Buchstaben des Namens und das entsprechende Siegel in die Luft zeichnen (alles in der entsprechenden Himmelsrichtung)
7. Anrufung des Königs (der Henochische dreifache Name aus der Geisttafel, vgl. gr. Henochisches PTR)
8. Anrufung der 6 Ältesten (wird später erläutert)
9. Großes PTR des Elementes mit der geweihten Waffe
10. Einwickeln der Waffe
11. Großes und kleines bannendes PTR

Übersicht mit Beispielen

Material und Anordnung

Der Arbeitsaltar steht im Zentrum des Raumes, ausgerichtet nach der entsprechenden Himmelsrichtung des Elementes der zu weihenden Waffe. Der Magier steht so vor dem Altar, daß er über diesen hinaus in die entsprechende Himmelsrichtung blickt.

Auf dem Altar sind: Außen die 4 Waffen in ihren Himmelsrichtungen (zugedeckt bis auf die, die geweiht werden soll). 2 Kerzen, Weihrauchgefäß, Gefäß mit Wasser.

Sei mit Deiner Robe bekleidet. Zünde die beiden Kerzen an und entzünde den Weihrauch.

Begib Dich ca. 10 Minuten in eine meditative Stellung, in welcher Du entweder Mantram machst oder Dir bewußt machst, was Du gleich vor hast, oder beides.

Die Bannung: Rufe in Richtung Osten:

"Hekas Hekas este Bebeloi!"

Dann führe das kleine bannende Pentagrammritual durch.

Die Reinigung: Reinige mit Wasser, indem Du, im Osten beginnend, mit dem Wassergefäß das Kreuz im Kreis ziehst (vgl. Banner des Westens) und dann dreimal Wasser in den Osten sprenkelst. Mache dies im Uhrzeigersinn in jeder Himmelsrichtung, wobei Du sagst:

"Zuerst muß der Magier, der die Werke des Feuers regiert, mit dem Lustralwasser der widerhallenden See besprengen."

Reinige mit Feuer, genauso wie bei der Wasserreinigung, indem Du in jede Richtung dreimal das Weihrauchgefäß schwenkst. Sage dabei jedesmal:

"**Und nun, nachdem alle Phantome verschwunden sind, höre die Stimme des Feuers.**"

Zirkulation: Zirkuliere dreimal in Uhrzeigerrichtung: Gehe nach Westen und schaue nach Osten und sage: "**Mächtig bist Du, Herr des Universums.**"

Mache den Horus in Richtung Osten, schreite den ersten Kreis ab. Wieder im Westen sagst Du: "**Mächtig bist Du, Horus, Herr des Äons.**"

Wieder Horus und kreisen. Dann: "**Mächtig bist Du, der mit dem Doppelstab.**"

Horus. Dann: "**Gott des Lichtes und der Dunkelheit.**"

Mache den Harpokrat.

Die Anrufung: Mache das Große Elementen-Pentagrammritual für das entsprechende Element. Danach stelle Dich so vor die entsprechende Waffe, daß Du über sie hinweg in die zugeordnete Himmelsrichtung blickst, und ziehe über der Waffe noch einmal ein entsprechendes anrufendes Pentagramm in die Luft, so als würde dieses auf der Waffe stehen. (Das Pentagramm also nicht wie üblich senkrecht, sondern waagerecht, parallel zur Platte des Altars ziehen).

Anrufung der Intelligenzen:

Jetzt werden die Gottes-, Erzengels-, Engels- und Regentennamen in dieser Reihenfolge herbeigerufen. Dabei Ziehe in der Himmelsrichtung des Elementes die hebräischen Buchstaben und das Siegel beim Vibrieren in die Luft. Das Vibrieren der Namen wird normalerweise in einen anrufenden Text eingearbeitet (wenn Dir dies zuviel wird, kannst Du diesen weglassen oder verkürzen). Beispiel:

"**Oh Du, der Du ewig bist und alle Dinge erschaffen hast. Bei Deinem Göttlichen Namen..**"[17]**..":**

Pantakel:	Adonai (ADNI)
Dolch:	Yehova (YHVH)
Kelch:	El (AL)
Zepter:	Elohim (ALHIM)

"**mit dem Du besonders im Teil des Himmels bekannt bist, welcher heißt...":**

Pantakel - Norden:	Tzaphon (TzPhVN)
Dolch - Osten:	Mizrach (MZRCh)
Kelch - Westen:	Mearab (MAaRB)
Zepter- Süden:	Darom (DRVM)

"**Ich bitte Dich, mir Kraft und Einsicht auf dem Weg zur Selbsterkenntnis zu geben. Ich bitte Dich, mir Deinen ehrwürdigen Erzengel...**"

Pantakel - Norden:	Auriel (AVRIAL)
Dolch - Osten:	Raphael (RPhAL)
Kelch - Westen:	Gabriel (GBRIAL)
Zepter- Süden:	Michael (MIKAL)

---

[17] Die "...." stehen für die Einsetzung des jeweiligen Namens.

"der die Werke des (Elementes) regiert, zu senden, damit er mich korrekt anweise. Und schicke Deinen Engel dieses Elementes..."

Pantakel - Norden:	Phorlak (PhVPLAK)
Dolch - Osten:	Chassan (ChSsN)
Kelch - Westen:	Taliahad (TLIHD)
Stab - Süden:	Aral (ARAL)

"damit er meine Arbeit bewache. Möge der Herrscher des Elementes (Element angeben), der mächtige Fürst..."

Pantakel - Norden:	Kerub (KRVB)
Dolch - Osten:	Ariel (ARIL)
Kelch - Westen:	Tharsis (ThRSIS)
Stab - Süden:	Seraph (SRPH)

"die magischen Kräfte und Werte dieses (Name der Waffe) verstärken, sodaß ich damit die magischen Arbeiten, für die es geschaffen wurde, richtig ausführen kann."

Die Anrufung des Königs:

"In den drei Namen des Gottes, die in henochischer Sprache auf dem Banner des..."

Pantakel - Norden:	Emor Dial Hectega
Dolch - Osten:	Oro Ibah Aozpi
Kelch - Westen:	Empeh Arsal Gaiol
Stab - Süden:	Oip Teaa Pedoce

"stehen, rufe ich Dich, König des..."

Pantakel - Norden:	Iczodhechal
Dolch - Osten:	Bataivah
Kelch - Westen:	Raagiosel
Stab - Süden:	Edelpernaa

"Ich bitte Dich, diese Zeremonie der Weihung des (Name der Waffe) durch Deine Gegenwart zu verstärken. Gib ihm die größte magische Wirkung und Kraft, sodaß diese Waffe mir eine starke Hilfe ist, die Wesenheiten des Elementes (Name) zu rufen und Informationen von ihnen zu erlangen. Ich gelobe in Deiner Anwesenheit, keinem dieser Wesen Leid oder Unrecht zuzufügen."

Die Anrufung der Ältesten: Zeichne ein anrufendes Hexagramm des Saturn über der Waffe und rufe die 6 Ältesten:

"Ihr mächtigen Fürsten der *(Name des Elementes)*-Tafel, die ihr mir unter der Bezeichnung "Älteste" bekannt seid. Ich rufe Euch, ihr sechs Ältesten des Elementes *(Name des Elementes)*, die ihr folgende Namen führt..."

Pantakel: Laidrom Alphctga Aczinor Ahmlicv Lzinopo Liiansa
Dolch: Habioro Ahaozpi Aaozaif Avtotar Htmorda Hipotga
Kelch: Lsrahpm Slgaiol Saiinor Soniznt Laoaxrp Ligdisa
Stab: Aaetpoi Aapdoce Adoeoet Anodoin Alndvod Arinnap

(diese Namen werden so vibriert, wie sie hier stehen. Bei Eigennamen kommen die Ausspracheregeln des Henochischen nicht zum Tragen).

"Erteilt diesem *(Name der Waffe)* **Kraft und Reinheit, sodaß die materielle und astrale Gestalt der Waffe ein Symbol ihrer geistigen Kraft ist und bleibt."**

Das Einarbeiten der Waffe: Nimm die entsprechende Waffe zur Hand und führe damit eine Henochische Anrufung des entsprechenden Elementes durch (gr. PTR). Beende mit dem kabbalistischen Kreuz.

Wickle die Waffe wieder ein, reinige und zirkuliere wie bei der Eröffnung. Beende mit folgenden Schlußsätzen:

"Hiermit setze ich alle Wesenheiten, die ich während dieser Arbeit gerufen habe, wieder frei und bedanke mich für ihre Mitarbeit."

Bannendes entsprechendes Elementen-Pentagrammritual, kleines bannendes PTR und kabbalistisches Kreuz

Erd-Anrufung

Einleitung: Wir wollen jetzt das Elementen-PTR in der Praxis ausführen, um die Kräfte der Erde anzurufen.

Wir werden dies zuerst im materiellen Körper durchführen. Auch hier sind schon recht interessante Wirkungen zu verspüren. Später jedoch, wenn Du in den Meditationen entsprechend fortgeschritten bist, wird das Ritual astral durchgeführt, und die Wirkungen werden ebenfalls astral wahrgenommen.

Die Übung: Reinige zunächst Deinen Raum mit dem bannenden kleinen PTR. Danach mache etwa 10 Minuten Mantrammeditation, um Dich zu entspannen und zu konzentrieren.

Mache dann die Anrufung des Erdelementes mit dem Elementen-PTR, aber diesmal mit den Henochischen Namen. Lege soviel Kraft und Konzentration in die Arbeit wie Du nur kannst. Wenn Du mit der Anrufung fertig bist, setze Dich in Deinen Meditationssitz und verharre etwa eine halbe Stunde in offener und erwartungsvoller Haltung. Warte so, als wollte Dir jemand etwas mitteilen.

Danach banne alles wieder ordnungsgemäß. Führe diese Arbeit jeden Tag mindestens einmal durch.

Einige Tips: Du kannst die Wirkung der Anrufung durch folgende Dinge verstärken: mache vorher die mittlere Säule, am besten, indem Du noch zum Schluß den Namen von Malkuth kreisen läßt und ihn eventuell in Richtung Norden wegschleuderst. Experimentiere.

Du kannst auch mit dem Pantakel in der rechten Hand die Pentagramme ziehen.

Es ist oft sehr nützlich, einige "erdige" Dinge in dem Raum aufzubewahren. Dies begünstigt das Kommen der entsprechenden Kraft. Du kannst z. B. eine frische Blume, frisches Obst, oder ein Stück Holz oder Erde in den Raum bringen. Dieser Gegenstand sollte aber nicht zu stark duften, damit Dich der Duft nicht ablenkt. Das einzigste, was duften sollte, ist eine Räucherung aus feinem Weihrauch. Dieser ist neutral und kann für alle allgemeinen Arbeiten verwendet werden. Dieser Duft wird für Dich dann nach einiger Zeit zum Anker für Rituale, durch den Du Dich sofort auf den entsprechenden Geisteszustand bringen kannst.

Die Beleuchtung sollte so spärlich wie möglich sein, nimm so wenige Kerzen, daß Du gerade noch sicher das PTR durchführen kannst. Danach lösche am besten das Licht und verharre. Nimm mit allen Sinnen wahr: lausche auf außergewöhnliche Geräusche, verändert sich die Temperatur oder die Schwingung? Schaue auch ruhig einmal eine Zeitlang mit entspannten offenen Augen, wie Du es bei der Leinwandmeditation gelernt hast. Was siehst Du?

Sei auf keinen Fall ungeduldig, sondern gleichmütig, aber aufs äußerste konzentriert und gespannt.

Zeichne alle Erlebnisse sofort nach der Operation sorgfältig auf!

Astralvision

Dies ist eine weitere Vorübung zum Astralreisen. Mache zunächst im Asana etwa zwanzig Minuten Körpermeditation. Dann stelle Dir einfach vor, Du würdest Dich auf der Erdebene befinden. Sie ist der unsrigen sehr ähnlich - vielleicht etwas altmodischer, (mittelalterlicher vielleicht.)

Beobachte alles ganz genau. Fühle die Luft, den Boden unter Deinen Füßen, spüre die Wärme, schau Dir die Blumen an, und alles, was Dir sonst noch so begegnen mag. Sei Du selbst in Deiner Vorstellung, das heißt, Du darfst Dich nicht selber sehen. Um das Bild zu verstärken, kannst Du in Deiner Vorstellung auch ein anrufendes Erdpentagramm ziehen.

Mache die Übung zunächst ein bis zwei Mal ohne Pentagrammritual. Danach experimentiere: Führe die Meditation vor der Erdanrufung durch und vergleiche die Stärke der Anrufung. Oder mache nach der Anrufung und Leinwandmeditation die Erdtattwameditation. Vergleiche in diesem Falle die Qualität der Vision mit und ohne Ritual.

Zeichne alles sorgfältig auf!